デジタルファースト・ソサエティ

価値を共創するプラットフォーム・エコシステム

福本 勲／鍋野敬一郎／幸坂知樹 編著

Digital First Society

日刊工業新聞社

まえがき

　昨今、さまざまな企業が、IoT（Internet of Things：モノのインターネット）やAI（Artificial Intelligence：人工知能）などの技術を導入・活用し、DX（Digital Transformation：デジタルトランスフォーメーション）の実現に取り組みつつある。しかし、取り組みが加速する中でIoTやAIなどのテクノロジー面の話題が先行し、ビジネスモデルの具体像をどう描けばよいのか、自社が保有する差別化・優位性はどのように発揮すればよいのか、他社との連携はどのように実現すればよいのかなど、進むべき方向と進め方に悩む企業や実務者は依然多いと考えられる。

　2018年に経済産業省が発表した「DXレポート～ITシステム『2025年の崖』の克服とDXの本格的な展開～」には、多くの経営者が将来の成長・競争力強化のために、先進的なデジタル技術を活用して新たなビジネスモデルを創出し、柔軟に改変するDXの必要性について理解しているものの、次のような課題がそれを阻んでいることが記されている。
　○既存システムが事業部門ごとに構築されているため、全社横断的なデータ活用ができていない
　○既存システムが、標準システムに過剰なアドオンやカスタマイズをして構築されているため、複雑化・ブラックボックス化されている
　○データ活用を実現するための既存システムの改修や、データ活用のための業務の見直し要求に対する現場の抵抗が大きい
　そして、この課題を克服できない場合、DXが実現できないだけでなく、2025年以降大きな経済損失が生じる可能性があることが「2025年の崖」として記されているのである。

　本書では、企業がDXに向かう取り組みについて、特に製造業を中心に複数の段階に分けて考察する。

デジタル化の比較的早い段階では、まず自社に存在するモノ（工場の製造装置・設備など）の情報を取得し、自社内で見える化・活用する取り組みがはじまる。その後、自社が提供するモノ（製品やそれに含まれる部品など）をスマート化し、顧客に提供することで、顧客の製品利用時のデータを取得できるようにすることを目指した取り組みが進む。そして、それは顧客から得られた利用時のデータを、提供するモノの機能価値の向上につなげる取り組みへと進展する。これがさらに進むと、「モノを製造・提供して、顧客から対価を得る」という考え方から、「顧客の経験価値を高めるために、モノにサービス的要素を加え、顧客とともに価値づくりを行う」という考え方へ、変革がもたらされる。

　段階が進む中で、各企業は一社で顧客視点でのトータルなサービス実現をすることが困難となり、プラットフォームを中心としたエコシステム（プラットフォーム・エコシステム）という「場」を自らつくるか、それに参加してビジネスモデルを進化させることが必要となる。企業には自らの持つ能力を「サービス」「価値」に変換し、能動的にこうした「場」につなげることが求められるようになる。

　重要なのは、このような企業のDXの取り組みの段階変化の中で、企業、業種、国・地域などさまざまなレベルで構造変化がもたらされることである。つまり、このようなDXの取り組みが進むにつれて、ビジネス構造が従来とは異なるものに転換する可能性がある。DXが実現できた企業や組織では、従来と比較して成長力や対応スピードに劇的な差が生じ、このような企業や組織が次のプラットフォーム・エコシステムを主導していくことになると考えている。

　本書では、DXとプラットフォーム・エコシステムにより、「モノづくり」の高度化および「コトづくり」の創出（サービスビジネス化）を実現していくためのポイントと進め方について、事例を交え解説する。本書を、大企業・中小企業を問わず、製品・サービス企画、事業企画、研究開発、生産・流通技術部門など、さまざまな業務に携わる多くのみなさんに読んでいただ

き、行動に移していただきたいと思っている。

　本書で用いている「デジタルファースト」とは、もともとは「従来、印刷物として提供されてきた書籍・雑誌・新聞などの媒体を、最初から電子出版形式で提供すること」を指す。それが、ビジネスや社会のデジタル化が進むにつれて、「ビジネスにおいてデジタル化を優先し、各業務や活動に取り組む」という概念に発展した。そして、現在では行政サービスにおけるデジタル化を加速する取り組みを表す言葉として使われるようになった。

　本書では、DXの取り組みが拡大することで、ビジネスや産業活動の隅々までデジタル化が浸透し、デジタルが社会を牽引していくという概念を表す言葉として「デジタルファースト・ソサエティ」という言葉を用いたいと考えている。「デジタルファースト・ソサエティ」の対象は、行政や教育、第1次から第3次までのさまざまな産業など社会全体である。そして、「デジタルファースト・ソサエティ」実現の前提は、他社（他者）とつながることである。

　本書が、これからの製造業をはじめとした日本の産業の維持・発展に寄与することを願っている。

2019年初秋
編著者を代表して
福本　勲

デジタルファースト・ソサエティ
価値を共創するプラットフォーム・エコシステム

―――――――― 目　　次 ――――――――

まえがき ……………………………………………………………………… 1

序 章
日本の製造業がDXで目指すべきコト

- ❶ 産業革命とは……………………………………………………………… 10
- ❷ 第4次産業革命とは……………………………………………………… 12
- ❸ 巨大IT企業が勝者なのか ……………………………………………… 13
- ❹ 日本が勝ち残るためのモノづくり戦略………………………………… 15
- ❺ 複数企業の共創によるエコシステムが変革をもたらす …………… 17

第❶章
第4次産業革命をもたらす背景

- ❶ 第4次産業革命による新たな産業社会の出現……………………… 21
- ❷ 欧米や中国での産業構造変革の動きと混迷する世界経済………… 23
- ❸ 日本政府の第4次産業革命に向けた動き…………………………… 26

❹ デジタル化・ソフトウェア化・ネットワーク化による産業構造の変革 … 28
❺ モノづくりからコトづくりへのビジネスシフト ………………………… 31

第2章

日本の製造業が立ち向かうDX革命

❶ DXの本質 ………………………………………………………………… 36
❷ 業務改革と新価値創造という2つの革新 ……………………………… 37
❸ 技術革新におけるスピード感 …………………………………………… 38
❹ PoC疲れから脱出する ………………………………………………… 40
❺ DXによるコトづくり …………………………………………………… 42
❻ サービスビジネス化 ……………………………………………………… 44
❼ プラットフォーム・エコシステムへの参加 …………………………… 46
❽ エコシステムを実現する人材 …………………………………………… 49
❾ オープン＆クローズ戦略 ………………………………………………… 50
❿ DXに取り組む日本の製造業への処方箋 ……………………………… 51

Column 東芝のリファレンス・アーキテクチャー策定の取り組み ……… 53

第3章

「プラットフォーム・エコシステム」の
ビジネスモデル

❶ 1つの国、企業だけで完結するモノづくりの限界 …………………… 60
❷ サプライチェーンにおけるプラットフォームの価値 ………………… 62
❸ 製造業向けIoTプラットフォームの役割とその効果 ………………… 66
❹ IoTプラットフォーム動向とプラットフォーマーのタイプ比較 … 69

5

❺ IoT導入によりプラットフォーム・エコシステムの参加者が
　実現すべきサービス ··· 73
❻ IoTプラットフォームのエコシステムに参加するパートナー ······ 74
❼ プラットフォーム・エコシステムにおける戦略の本質 ············· 76

第❹章

ビジネスモデルの分類と事例の位置づけ

❶「製造業」を超えるデータ連携 ································ 78
❷ デジタル化のステージ ·· 80
❸ インターネットの普及にも10年以上 ························ 82
❹「価値提供の形態」と「場の公開度合い」 ··················· 85
❺ 事例の位置づけ ··· 87

第❺章

モノづくり企業のDXへの取り組み①
〜英国Arm：デバイスデータからの価値創出、
面倒ごとを引き受けるIoTプラットフォームを提供

❶ なぜ「データは石油」なのか？ ······························ 90
❷ なぜ半導体IPベンダーがIoTプラットフォームを
　手掛けるのか？ ··· 92
❸ ArmのIoTプラットフォームの特徴と構成 ················· 96
❹ Pelion活用事例：製造業のDX ····························· 104
❺ データのゴールドラッシュを幻想で終わらせないために ········· 111

モノづくり企業のDXへの取り組み②
~東芝機械：顧客価値拡大を目的にIoTプラットフォームを提供し、エコシステムを組成

- ❶ モノづくり産業におけるDX化 …………………………………… 114
- ❷ 東芝機械のIoTコンセプト「IoT＋m」 ………………………… 116
- ❸ IoTプラットフォーム「machiNet（マシネット）」 ……………… 117
- ❹ machiNetの活用事例 ……………………………………………… 123
- ❺ 「IoT＋mパートナー会」の取り組み …………………………… 126
- ❻ 東芝機械の事例に見るモノづくり企業のDXへの取り組み ……… 127

複数のIoTプラットフォームに参画するアプリケーションベンダーの動き
~ウイングアーク1st：デジタルとヒトの適材適所による「ヒトの価値の最大化」

- ❶ DXがもたらす「全人類上司化計画」 …………………………… 132
- ❷ 現場にいた作業員だからこそ、現場の改善ができる ………… 134
- ❸ 労働者は「職人」から「クリエイター」へ …………………… 134
- ❹ なぜ製造現場でDXへの取り組みが進んでいるのか？ ………… 135
- ❺ DXへの取り組み手段と事例 ……………………………………… 136
- ❻ 製造業のIoTプラットフォームにおける見える化の活用 ……… 139
- ❼ 「データをつくり出す」段階から効果を生み出す段階へ …… 140
- ❽ あらゆる産業でDXへの取り組みが広がる …………………… 141
- ❾ 2020年の東京オリンピックがターニングポイント ………… 142
- ❿ 日本の産業界の新たなフェーズに向けて ……………………… 143

デジタルファースト・ソサエティに向けて

- ❶ まだ、つながりきっていない……………………………………… 146
- ❷ テクノロジーの革新は続く ……………………………………… 148
- ❸ デジタルファースト・ソサエティに向けて …………………… 152

あとがき ……………………………………………………………… 157
参考文献 ……………………………………………………………… 159

序章

日本の製造業がDXで目指すべきコト

2015年頃より、日本では官民を挙げ、第4次産業革命が推進されてきた。この背景には、ドイツ・米国をはじめとした欧米諸国や、さらには中国、アジアなどでも産業構造の転換を目指した取り組みが進んできたことに対する危機感があったと思われる。

　第4次産業革命はIoTやAI、ロボット、インターネットや大量のデジタルデータ（ビッグデータ）の活用がもたらす技術革命であり、社会革命でもある。また、スマートフォンなどのモバイル機器やQRコード、キャシュレスなどがもたらす生活の革命でもある。

　過去の3つの産業革命が、アーノルド・トインビー（英国の経済学者であり、「産業革命」を学術用語として広めた歴史家）などの歴史家によって、後世に名づけられたものであるのに対して、第4次産業革命は、2011年のドイツのハノーバーメッセにおけるインダストリー4.0の発表をはじめ、各国で国の政策に取り上げられ、世界的な広がりを見せている。しかし、第4次産業革命は、発表時点ではまだコンセプトレベルあり、命名時にその変革後の具体的なイメージがあったわけではない。

産業革命とは

　産業革命とは、新たなテクノロジーの登場がもたらす経済・社会構造の変革であり、生活スタイルの革命でもある。

　第1次産業革命は、18世紀後半に英国を中心に起こり、蒸気機関などの新技術の発明により生産性の劇的な向上をもたらした。その影響は、欧州を通じて19世紀には米国に伝わり、製造部品の規格化・標準化、生産設備の専用化などに代表される米国式製造方式を生み出し、大量生産を可能とする第2次産業革命へとつながった。

　日本においても、ペリー来航の際、蒸気船が日本中の人々に驚きをもたらしたことが知られている。その驚きが幕藩体制の崩壊、明治維新、明治政府の殖産興業への大きな原動力となった。

英国における第1次産業革命はイノベーション、テクノロジーの革命であったが、社会と経済の変革がそれに次いで発生し、さらに市民層の台頭による生活文化の革命を引き起こした。蒸気機関による鉄道の敷設は輸送と移動手段に革命をもたらし、安価な衣服の提供はおしゃれな生活をもたらした。手作業から工場生産への移行資金として、農民層の資本蓄積と貿易による収益が充てられたことを考えれば、資本主義経済への転換をもたらした経済革命であったともいえる。

　米国における第2次産業革命では、電力が発明され、化学、自動車、石油および鉄鋼の分野で技術革新が進んだ。大量生産という仕組み面の発展もあり、食料や飲料、衣類などの製造の機械化、輸送手段の革新、さらに娯楽の面では映画、ラジオおよび蓄音機が開発され、大衆のニーズに反応しただけでなく、雇用の面でも大きく貢献した。

　そして、20世紀後半にはコンピュータとそれを動作させるためのソフトウェアが登場し、コンピュータテクノロジーを最大限に生かし、コンピュータの指示通りに機械が動くようになる自動化が実現された。これが第3次産業革命である。

　新しいテクノロジーが新しい産業を生み出し、それによって衰退する産業が出てくるのも、自然の摂理といえる。第1次産業革命における蒸気機関の発明は、労働とその環境の変化をもたらし、職を失うことを懸念した人々による機械打ち壊し運動（ラッダイト運動）が起こるなど人々に困窮をももたらした。

　第2次産業革命に対しては、チャップリンの「モダン・タイムス」に象徴される人間の歯車化や人間疎外という批判もあり、テイラーの科学的管理法などが現場の労働者の管理強化、出来高払いによる格差の拡大を生んだ。それらを憂いて、アーノルド・トインビーをはじめとする後世の歴史家は、批判的に産業革命を論じた。

　第4次産業革命も、バラ色のイメージだけを有しているわけではない。個人情報の漏洩、AIやロボットが仕事を奪うことへの不安、貧困層の増大と格差の広がりなど、新しい技術変化への不安も少なくない。大きな変化であればあるほど、大きな抵抗は避けられない。AIに対しても、自動運転車に

対しても、キャッシュレス決済に対しても、利用者はそのデータがどうつながり、どう活用されているのかに対し、不安や気味悪さを感じている。それは誤解であるとの説明や、安心・安全なので無条件に受け入れるべきという技術万能の考え方だけでは、テクノロジーは社会へ浸透しない。

　産業革命は、新たなテクノロジーを社会に浸透させるためのプロセスのイノベーションでもある。

第4次産業革命とは

　第4次産業革命の中心であるデジタル化のきっかけをつくったのは、コンピュータの登場がもたらした第3次産業革命である。しかし、第3次産業革命においては、データのデジタル化（0と1からなる2値論理の採用）が、コンピュータの入出力データの高速処理のために用いられたが、そこにある大きな価値はまだ認識されていなかった。

　第4次産業革命と第3次産業革命を分ける大きな技術的ポイントはネットワーク技術、とりわけインターネットの普及にあり、デジタル化されたデータに遠隔地からアクセスし、手元にあるデータと同じように高速処理を行うことが可能となったことにある。第4次産業革命では、デジタルデータは高速処理のための単なる道具ではなく、検索可能な膨大なデータ貯蔵庫に格納される価値の源泉となった。すなわち、必要なデータを高速処理することではなく、活用されるかどうかわからない膨大なデータを蓄積し、そのデータ群の中から必要なデータを抽出できることに大きな価値がある。どう検索されるか、どう活用されるかわからないデータが蓄積されているからこそ、さまざまなニーズに対応できるのである。

　人々が検索エンジンを利用してターゲットの情報を検索するのと同時に、検索エンジンはどのような言葉が用いられているのか、人々が何を知りたがっているのか、という情報を同時に収集している。それらの膨大なデータは、つながることでさらなる大きな価値を生んでいる。

第4次産業革命はこうしたデジタルデータとデジタル技術の活用により、世の中のさまざまな仕組みを変革すること、つまりDXがもたらす産業革命となったのである。

　データがさまざまな機械間や部門間、企業間でつながることで、ムダな業務プロセスをなくすこともできる。

　たとえば、次のようなことが実現できるようになる。

○生産現場から必要な部品を注文すれば、部品は自動的に配送され、配送後に配送業者の納入確認データに基づき、注文主から自動的に支払いが行われる

○口座残高が不足すれば、融資のレコメンドが行われ補填がなされる

　このような過程に、人手が入る必要はない。

　第4次産業革命では、コンピュータの指示した手順通りにプロセスが実行される自動化（Automatic）だけではなく、AIなどを活用した意思決定により、コンピュータが自ら実行する自律化（Autonomous）が目指されている。これはモノづくりの現場だけで起こるわけではない。販売の現場でも、データが決済に至るまで人手を介さず処理が行われる。過去のデータが分析・活用され、予知や自動化、自律化、遠隔処理などに用いられる。

　このような動きは、データを持つプレイヤーが市場を支配することにもつながる。

 ## 巨大IT企業が勝者なのか

　GAFA（Google、Amazon、Facebook、Apple）と呼ばれる巨大シリコンバレー企業（IT企業）のビジネスは、グローバル経済の中で、国の政策、規制の範囲を超え、影響力を強めてきた。一方、それに対する国家の対応も日増しに強まっている。あるときは税制、あるときは個人情報保護などさまざまな規制によりブレーキをかけている。

　第4次産業革命をもたらすテクノロジーの中心は、情報技術とネットワー

ク技術にある。それは、高速大容量の通信を可能とする通信技術により、遠隔地域と情報交換できることにとどまらない。GAFAのビジネスモデルは、多様なビジネスのデータとデータをつなぐことで価値を生み出すものである。

　GAFAはつながったデジタルデータを用い、デジタル技術を活用して変革をもたらしており、DXを代表する企業であるといえる。膨大な保有データは、検索エンジンやSNS（Social Networking Service：ソーシャル・ネットワーキング・サービス）、マーケットプレイスなどのソフトウェア、サービスの無料提供により得られたものである。その膨大なデータを活用し、スポンサーの広告コンテンツやサイトへの誘導を行う検索連動型広告などにより利益を得るのがGAFAのビジネスモデルであり、従来はこの利益創出のプロセスに目が向けられていた。

　金融資本主義においてはレバレッジ効果、つまりテコの原理のごとく、少ない資金で何倍もの利益をもたらす金融商品がヘッジファンドなどにより開発されてきたが、同じようにデータ1つひとつの価値が少なくても、あるいはほとんど無料で入手できるデータであっても、大量に蓄積され、それらがつながることで何倍もの価値を生む。こうしたデータのレバレッジ効果こそ、DXの本質かもしれない。

　GAFAはデータを経営資源化することで、ビジネスの覇権を握ろうとしているようにも見える。Googleは、検索履歴から検索した人の生活スタイルや趣味などを把握し、旅行時の飛行機や好みに合った宿、ミュージカルなどの趣味につながる情報などをレコメンドし、切符の手配などをも可能にするサービスを実現している。Amazonは、購入履歴をもとにした商品のレコメンドを行っている。

　個々の顧客に合わせた情報やサービスが提供されるのはB2C（Business-to-Customer：企業と消費者との取引）に限ったことではなく、B2B（Business-to-Business：企業間での取引）の顧客においても、たとえば次のように業務処理が自動的、自律的に行われる。

　　○製造業が要求仕様とともに必要な部品の手配要求をすれば、カタログから要求仕様に合った製品が提案される

○カタログ品で要求に応えることができなければ、過去の類似品からカスタマイズの見積が作成される
○類似品がなければ、部品メーカーに見積依頼がされる
○部品メーカーでは3Dプリンターを用い、自動設計・自動製作が行われて自動配達される
○注文履歴や注文主の特性などを考慮した設計提案、外注先の選択が行われる

　決済においてもキャッシュレス支払いが可能となり、取引情報や口座の入出金情報をもとに与信判定が行われ、リスクを考慮した融資が自律的判断により行われるようになる。キャッシュレス決済が普及することで、銀行口座の役割は確実に低下する。手元に現金がなくても、データから支払い可能な能力を持っていることが明らかになるからである。

　このように考えれば、従来の業界の区分けがいかに分業・機能別であるかがわかる。モノが欲しければ店に行き、資金が必要になれば銀行に行く。生産現場で部品が必要になると購買伝票を起票し、調達部門が見積をとって購入意思決定を行い、配送手配をして検収し、会計部門が数カ月後に銀行に振込依頼をして、支払いが行われる。すると、取引先が請求書と照合し、消し込みを行う。従来はこのように、たった1つの部品の売買にも多くの人手と時間が必要であった。これらの多くのプロセスが、データがつながることによって必要なくなる可能性がある。

日本が勝ち残るためのモノづくり戦略

　今後、日本市場はGAFAのような巨大なIT企業によって支配され、廃業に追い込まれる企業が続出するのだろうか。あるいは、日本企業はGAFAの下請けになるのだろうか。産業革命により、市場からの退出を迫られる企業が出ることは避けられない。いつの時代にも、競争に負けて消えていく企業は存在する。労働環境の変化により、仕事がなくなる人も仕事が増える人

もいるだろう。それが産業革命であって、何も変わらないというのは革命ではない。

格差の拡大に対する所得再配分の議論は避けられないし、再訓練による人材のシフトも避けられない。それは、働き方改革の課題でもある。

しかし、もっと重要な課題がある。デジタルデータだけで競争優位が決まるわけではない。消費者は、効率的な購買手段である通信販売を好むこともあるが、買い回りをすることもある。合理的な選択をする場合もあるが、趣味嗜好で他人と異なる選択をすることもある。デジタル化は効率化のための手段ではあるが、匠などの職人が持っている暗黙知を安易に形式知に変換すれば、模倣されやすくなり競争優位性を失うかもしれない。インターネットやモバイルはインフラではあるが、それに対応するだけでは競争力強化にはならない。

デジタル化しさえすれば、競争優位が得られるわけではない。現場の知識も経験もなく、ただデジタル化されたデータを扱うだけでは決して顧客は満足しないし、良い品質の製品サービスが提供できるわけではない。デジタル化によって最大限の効率化を実現し、ムダを省き、その余った時間と資源を使ってより感性を磨き、人の心にアピールする能力を企業が持つこと、顧客の心を察知し、顧客にアピールできる能力を蓄えることが競争力につながる。

日本の持つモノづくりの感性やこだわりの価値が減少したわけではなく、それらをさらに磨き、その価値を高めることこそ日本の生き残る道である。アナログかデジタルかではなく、アナログとデジタルの両方を使い込む能力が、これからの日本の競争力の源泉となる。

たとえば、上下水道はライフラインとして定着しているが、消費者はなぜ、ペットボトルの水を買い求めるのだろうか。効率化、実用性だけではない、美味しさへのニーズがあるからではないか。

現代社会は、これまでの産業革命から多くを学んできた。第4次産業革命においてもその変化に対応できるよう、さまざまな知恵を巡らせることで対応できると思われる。

日本は、1つの言語を1,600年以上継続して使い続けており、世界でも稀

な文化を持っている。日本人がつくる、心に訴える製品は世界においても高く評価されている。

東アジア諸国をはじめ、多くの国がモノづくりのカイゼンに真剣にこだわって、モノづくりを成功させた日本を手本にし、日本からモノづくりを学んできた。これからも学びたいという国は数多くあるだろう。

従来、日本の現場力の優位性を生かしたモノづくり力は「モノを製造・提供して、顧客から対価を得る」ことにおいて価値を発揮してきた。今後、この強みを生かし、「顧客の経験価値を高めるために、モノにサービス的要素を加え、顧客とともに価値づくりを行う」という考え方へ変革すること、つまり「モノづくり」から「コトづくり」への変革が求められる。

複数企業の共創による エコシステムが変革をもたらす

トヨタ自動車の歴史からもわかるように、日本の製造業の成長は、モノづくりの強みを持つTier1、Tier2などの階層的なサプライヤーとの関係性に依存しており、良質なサプライヤーとの垂直統合型システムなしでは日本のモノづくりは成り立たなかった。昨今、日本の中小企業の事業承継の問題がクローズアップされているが、これは中小企業だけではなく、大企業を中心とした垂直統合型システムの維持に関わる課題でもある。

この課題は日本のモノづくり構造に変革をもたらすであろう。個別の企業がサプライヤーを囲い込む垂直統合型システムが維持できなくなり、技術力を持ったサプライヤーとの共創を従来の競合関係を超えて実現していく、垂直統合＋水平連携型システムへの変革が求められるようになると考えられる。

一方、「モノづくり」から「コトづくり」への変革を進める中で、個々のサービス提供者は一社単独で顧客視点でのトータルなサービスを実現することが困難となり、プラットフォームを中心としたエコシステムという「場」に参加し、ビジネスモデルを進化させていくことが必要となる。この「場」

もまた、垂直統合＋水平連携型システムであり、そこでは従来競合といわれた企業同士の共創なども求められるようになる。

　こうした企業をまたいだ取り組みにおいては、現実世界（フィジカル空間）での連携だけでなく、サイバー空間での連携が必要になってくる。そのためには、デジタルの力による変革、DXの取り組みが必要になってくる。今、DX、プラットフォーム、エコシステムを用いた、「モノづくり」から「コトづくり」への変革が、日本の産業の維持・発展に求められている。

第1章
第4次産業革命を もたらす背景

第4次産業革命の時代を迎え、IoT、AIなどの新しいテクノロジーの登場によって産業構造が大きく変わりつつあり、産業界のルールは大きく揺らいでいる。

　第4次産業革命のカギと考えられるのが、DX、プラットフォーム、エコシステムである。DXとは、「ITの浸透が、人々の生活をあらゆる面でより良い方向に変化させる」という概念であり、2004年にスウェーデンのウメオ大学のエリック・ストルターマン教授が提唱したとされる。ビジネス用語としては、「企業がテクノロジーを利用して事業の業績や対象範囲を根底から変化させる」という意味合いで用いられ、既存の価値観や枠組みを根底から覆すような革新的なイノベーションをもたらすものと考えられている。

　コンピュータ業界では従来、プラットフォームは主にオペレーティングシステム（OS）やハードウェアなどコンピュータの基礎部分を指していた。やがて第4次産業革命の時代になり、製品やサービス・情報を集めた「場」を提供することで参加者を増やし、市場での優位性を確立するビジネスモデルのことを示すようになってきた。また「エコシステム（Ecosystem）」は従来、生態系を指す用語であり、ある領域（地域や空間など）の生き物や植物が互いに依存しながら生態を維持する関係を表していた。これも同様に、現在では企業や業界、その製品やサービスが互いに連携することで大きな収益構造を実現することを表現する言葉となっている。

　このDX、プラットフォーム、エコシステムを体現するGAFAが台頭し、次々に新たなユニコーン企業が登場する中、従来型の経営を変革できない企業は成長を維持できず、産業の統廃合が加速している。ドイツでは「インダストリー4.0」の動きが活発化し、米国では世界最大級のIoT推進団体である「IIC（インダストリアル・インターネット・コンソーシアム）」がテストベッドなどの推進を行っている。中国は「中国製造2025」と「インターネットプラス（互聯網＋）」という2つの国家政策で第4次産業革命の動きを加速している。日本では「Society 5.0」「Connected Industries」などの政策を通じ、このような時代への対応が進められている。

　本章では、こうしたDX、プラットフォーム、エコシステムにより実現しようとしている第4次産業革命の背景を中心に述べる。

第❶章　第４次産業革命をもたらす背景

第４次産業革命による新たな産業社会の出現

　第４次産業革命により、従来の経済成長モデルが適用できない時代が到来している。第４次産業革命は現実世界のモノやコトのデジタル化や、それに基づく最適化・自律化が可能になるという新たな社会構造の変革である（**図1-1**）。
　この実現を支えるのは、現実世界（フィジカル空間）の大量のデータ（ビッグデータ）をもとに、AIがロボットや工作機械に対して自ら最適な行動を取るように促す、サイバーフィジカルシステム（CPS）である（**図1-2**）。これによって、産業構造の転換やビジネスモデルの劇的な変化がも

図1-1　第４次産業革命という時代

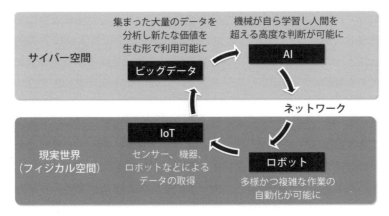

図1-2　サイバーフィジカルシステム（CPS）

出典：IoT、AI、ロボットに関する経済産業省の施策について　2016年3月3日　経済産業省をもとに著者作成

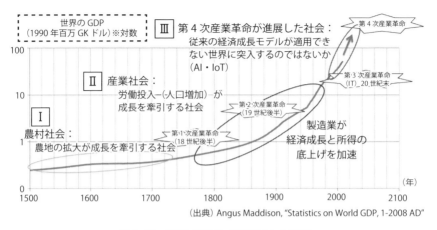

図1-3　経済成長の「方程式」の変化

出典：21世紀からの日本への問いかけ（ディスカッションペーパー）
平成28年5月　経済産業省　次官・若手未来戦略プロジェクト

たらされるといわれる。

　第3次産業革命までの変革は国境や言語で市場が分断されていた時代のものであり、その変革は各リージョンのローカルな事業者が自らのパフォーマンスやクオリティを向上させるものであった。

　一方、第4次産業革命は世界の国々がグローバル化し、国や地域を越えてヒトやモノ、情報が往来するようになった後のはじめての産業革命であり、均質化された社会がベースとなっている。このような社会では共通的なプラットフォームが生まれ、プラットフォーマーといわれるプレイヤーに利益が遍在する傾向が強まっている。そして、この傾向は全産業に広がりつつある。

　序章で述べたように、第4次産業革命と第3次産業革命を分ける大きな技術的ポイントはネットワーク技術、とりわけインターネットの普及にあり、それによりデジタルデータの流通や相互利用、遠隔からの活用が可能になったことにある。これを実現するプラットフォームの出現により、グローバルな経済価値を一部の勝者が吸い上げる産業構造へと変わりつつある。このような時代にあって、AIやIoTを活用し、日本の製造業の強みを維持、発展させるためのDXに向けた取り組みが不可欠となっている（図1-3）。

② 欧米や中国での産業構造変革の動きと混迷する世界経済

　インダストリー4.0を発表する以前のドイツは、多くの社会課題を抱えていた。少子高齢化による労働人口減少、エネルギーなどの資源供給問題、GDP（国内総生産：Gross Domestic Product）の約4割を輸出に依存する産業構造、東欧や中国・アジアなどへの産業移転、グローバル化による絶え間ない市場変化、新興国の技術力の高度化、先進国としてのアドバンテージの維持などである。

　これらの社会課題に対応するため、ドイツは科学技術イノベーション基本計画「ハイテク戦略」を第1期メルケル政権の初年度である2006年に策定した。そして、第2期メルケル政権の初年度2010年にはそれを更新し、「ハイテク戦略2020」として発表した。この際、ドイツ経済科学研究連盟が、連邦教育研究大臣の諮問機関として「ハイテク戦略」および「ハイテク戦略2020」の方針作成への助言や、政策の評価に関与し、特に科学技術政策の策定に重要な役割を果たした。

　この計画では、連邦教育研究省（BMBF）と連邦経済エネルギー省（BMWi）が主管省庁となり、経済成長と雇用の確保を目指し、対処すべき5つの社会課題を定義している。そして、その課題を解決するために11の未来プロジェクトを策定した。このプロジェクトの1つがインダストリー4.0である。

　一方、米国のGAFAに代表される巨大シリコンバレー企業は、過去10年で産業のあり方を大きく変えてきた。そして、米国におけるこれらのIT企業の発展には、国家の大きな後押しがあった。

　たとえば、AppleのiPod、iPhoneなどで使われているGPS（Global Positioning System、Global Positioning Satellite：全地球測位システム）やマルチタッチスクリーン、Siriなどは、米国が長年かけて研究開発してきた技術である。製品コンセプトの開発や市場の開拓活動は民間企業が進めたものだ

が、ここには米国政府の大きな後押しがあった。これらの技術基盤がなければ、新たな市場の創出は実現しなかっただろう。

　米国を代表するメーカーであるゼネラルエレクトリック（GE）はデジタル化に向けて大きく舵を切り、2012年に「インダストリアル・インターネット」という概念を打ち出し、2014年に米国に本社を置くグローバル企業5社（AT&T、Cisco、GE、Intel、IBM）によって世界最大級のIoT推進団体であるIIC（インダストリアル・インターネット・コンソーシアム）を設立した。この背景には、21世紀に入り、B2Cの領域でGAFAなどの企業がインターネット上の大量のデータを活用し、新しい価値を次々に生み出していたことがある。こうした企業が産業界にも参入し、主導権を握られることへの強い危機感がGEにあったと推察できる。

　政治と経済が切り離せない関係にある中国でも、中国製造2025とインターネットプラスの2つの国家戦略で、第4次産業革命の動きが加速されている。中国製造2025はドイツのインダストリー4.0型、インターネットプラスはGAFAに代表される米国のシリコンバレー型の発展を目指したものと考えられ、この2つを同時に実践しようとしていることが特徴といえる。

　中国では2013年に習国家主席が提唱した経済・外交圏構想である「一帯一路（OBOR：One Belt, One Road）」により、中国西部・中央アジア・欧州を結ぶ「新シルクロード経済ベルト（一帯）」と、中国沿岸部・東南アジア・インド・アフリカ・中東・欧州と連なる「21世紀海上シルクロード（一路）」との間の新たな経済圏の確立や関係各国の相互理解などを目的に、インフラ整備や通商拠点の整備が進められている。中国製造2025やインターネットプラスにより、産業を強化する戦略もこれらと密接に絡んでおり、輸出品目の高付加価値化に向けたスピードアップを図ることで輸出強化へつなげる狙いがあると見られる。

　世界のトップと伍し、さらには世界の覇権を握るという国家目標に向けて、中国は強力な推進力、スピード感を持って政策を推し進めている。それに対して米国が脅威を感じ、両国の貿易戦争に発展しはじめている。これは「世界の工場」といわれていた中国が、ドイツのインダストリー4.0型の中国製造2025だけでなく、インターネットプラスというシリコンバレー型の政

第❶章　第4次産業革命をもたらす背景

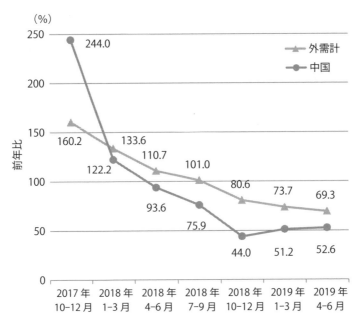

図1-4　工作機械の受注前年比の推移（外需計および中国）
出典：日本工作機械工業会　工作機械主要統計をもとに著者作成

策も同時に進め、米国が得意としてきたインターネット上の覇権争いにも加わってきたことと無関係ではない。

　この米中貿易摩擦は、中国の製造力強化を支えている日本の工作機械メーカーなどにとっても他人事ではない。日本工作機械工業会のまとめでは、2018年末以降の中国からの受注は前年同月比で半減を続け、前年割れが1年以上続いている。それにもかかわらず、工作機械業界は相変わらず中国を「世界最大のマーケット」と認識し続けている（**図1-4**）。

　また、EUや欧州を大きく揺るがすこととなった英国の「Brexit」は混迷を極めている。英国はインダストリー4.0の金融政策を支える重要な国と考えられることから、Brexitは英国の課題にとどまらず、EU、ひいては世界全体の不安要因となり得ると理解する方がよい。またBrexitに伴い、EU加盟国として確保されていたヒト・モノ・カネ・サービスのEU内の移動の自

25

由について、英国とEUの間で変化が生じる可能性がある。

　欧米や中国など各国のスピーディな産業構造変革の動きや、混迷を深める世界の経済動向をとらえつつ、日本も自らの強みを活かした新たな産業革新に取り組むことが求められている。

3 日本政府の第４次産業革命に向けた動き

　日本政府は「未来投資戦略」で提起している「Society 5.0」「データ駆動型社会」を通じて、社会システムへのIoTやAI技術の活用の必要性などを訴えている。

　Society 5.0は狩猟社会、農耕社会、工業社会、情報社会に次ぐ5番目の社会であり、サイバー空間と現実世界を高度に融合させるCPSにより、地域、年齢、性別、言語などによる格差なく、多様なニーズ、潜在的なニーズにきめ細かに対応したモノやサービスを提供することで経済的発展と社会的課題の解決を両立し、人々が快適で活力に満ちた質の高い生活を送ることのできる、人間中心の社会であると定義している。

　Society 5.0では、AI、ビッグデータ処理技術、サイバーセキュリティ技術などの基盤技術を核とするプラットフォームサービスが提供されるという。また、Society 5.0は、ドイツのインダストリー4.0を社会システムまで拡張した取り組みとされている（実際にはドイツは社会システム全体の取り組みも整理しているので、ドイツの取り組み範囲が狭いわけではない）。

　たとえば製造業では、生産現場などの現実世界で起こる事実・状態を、センサーなどを介してサイバー空間へ取り込み、高度な分析・シミュレーション・予知などを行い、得られた結果の中で最適なものを現実世界にフィードバックすることで、品質・生産性・コストなどの全体最適化を図ることができるのがポイントといえる。インダストリー4.0では、これによってグローバルに拠点の一元的な生産管理と機能の立地戦略への活用が構想されているが、Society 5.0ではこうした考え方を都市空間や社会システム全体へ展開す

ることが目指されている。

　未来投資戦略ではデータ駆動型社会という表現も使われており、ビッグデータの活用技術の進歩、公共データのオープン化などと相まって、社会におけるデータ利用の一層の進展が図られている。

　2017年3月、日本政府は未来に向けて日本の産業が目指す新コンセプトConnected Industriesを発表した。

　Connected Industriesは、さまざまなつながりにより新たな付加価値が創出される産業社会のことであり、第4次産業革命を踏まえたものとなる。ドイツ ハノーバーで開催されたCeBIT（国際情報通信技術見本市）2017に日本はパートナー国として参加し、安倍総理大臣や世耕経済産業大臣が出席。第4次産業革命に関する日独協力の枠組みを定めた「ハノーバー宣言」に署名し、人、機械、技術が国境を越えてつながるConnected Industriesを進めていく方針が宣言された。

　Connected Industriesは、「モノとモノ（IoT）」「人と機械やシステム」「人と技術」「国境を越えた企業と企業」「世代を超えた人と人」「生産者と消費者」がつながることで、日本の強みである高い技術力や高度な現場力を生かすとともに、協働・共創、技能や知恵の継承、付加価値の創造を目指している。「人と機械・システムが対立するのではなく、協調する新しいデジタル社会の実現」「協力と協働を通じた課題解決」「人間中心の考えを貫き、デジタル技術の進展に即した人材育成の積極推進」の3つを施策の柱としている。

　2017年10月には、日本の産業の未来像である「Connected Industries　東京イニシアティブ2017」が発表された。これによりConnected Industriesの5つの重点取り組み分野について具体的な方針が打ち出され、日本の取り組み方針も明確化されることになった。

デジタル化・ソフトウェア化・ネットワーク化による産業構造の変革

　第4次産業革命がもたらされた要因として考えられるのは、従来B2Cの領域で起きていたデジタル化・ソフトウェア化・ネットワーク化による産業構造の変革が、インダストリーの領域へも波及したことである。このデジタル化・ソフトウェア化・ネットワーク化がどのように産業構造にインパクトを与えたのかについて述べる。

　まず、デジタル化である。デジタル化により情報の伝達スピード、情報蓄積の規模、情報加工の精度が飛躍的に高まった。デジタルネットワークの世界では、デジタルデータは無限に増殖する。そのやりとりにはネットワーク効果が働き、それがある一定規模に達した途端、瞬く間にその普及規模が膨れ上がることになる。

　デジタル化により、サイバー空間上で現実世界を再現することができるようになる。そうなれば、時間・空間という物理的制約を受けずに現実世界を模したさまざまなことが可能となる。たとえば、何百万回もシミュレーションを行い、最適な結果のみを現実世界にフィードバックすることや、過去の緻密な再現や未来の予測、他の経験（他で起こったこと）を即時にコピー・伝播することなどが可能となる。

　次に、ソフトウェア化である。第4次産業革命の1つの側面として、自然法則が支配するハードウェア技術が中心だった時代から、ソフトウェア技術が競争優位を決定づける時代へ変化したことがある。ハードウェア制御はモノの物性に依存するが、ソフトウェアは論理世界上で自由に機能・仕様を変えられる特性を持つ。このため、ソフトウェア化により機器の機能や動作、顧客経験などを短サイクル・多頻度に組み換え、新たな顧客価値を創出することができるようになる。

　たとえば米国電気自動車メーカーのTeslaでは、事故発生の実績をもとに自動運転モードの機能強化を行い、それを反映したソフトウェアを遠隔で更

新するなど、走れば走るほど機能が微調整され性能が向上するなどの効果を顧客に与えている。

最後に、ネットワーク化である。日本で初めてのインターネットサービスプロバイダ（ISP）が1992年にサービスを開始してから四半世紀以上が経過した。インターネットによりデジタルデータが相互につながるようになったことで、個々のプレイヤー単独ではなし得なかったことが実現可能となった。ネットが経済活動の「場」となり、「場の提供者」と「場の参加者」へとプレイヤーが分化し、情報がオープンになった。

ネットワーク化による経済活動の新たな「場」の活用は、GAFAの各企業、自動車配車ウェブサイトおよび配車アプリケーションを提供するUber、宿泊施設を貸し出す人向けのウェブサイトを提供するAirbnbなどのB2Cのプレイヤーが先行して実施してきた。

デジタル化・ソフトウェア化・ネットワーク化は、グローバルな経済価値を勝者が吸い上げる産業構造への変革を促進している。第3次産業革命までの変革においては、1つひとつのモノを磨き上げるという日本企業の「擦り合わせ」能力の高さを生かすことができる技術革新が進んできたが、第4次産業革命においてはつながった集合体に価値が移行し、1つひとつのモノは全体の部分（コンポーネント）に位置づけられるようになった。これにより全体を最適につなげるための価値が増大した。さらに重要なこととして、つながるための仕組みを運営するルールや標準、インタフェース・プロトコル、エコシステムへの参加価値などが注目され、整備されるようになった。

モノが単体同士の勝負に勝てない場合は、モノが組み込まれたシステム全体での勝利を目指すことになる。そのためには、仕組を運営するルールなどに従って構築されたソフトウェアの力を借りて、全体最適を実現することとなる。

つながるための仕組みを経済価値の観点で考えた場合、そこに参加する者も確かに一定の果実を得ることができるといえるが、胴元に大きな果実が集中することになる。デジタル化・ソフトウェア化・ネットワーク化は、このような「利益偏在」を加速させる面も併せ持っている。

ここで、胴元の戦略について考えてみる。まず戦略の第1段階では、標準化のためのオープンなプラットフォームを主導し、ビジョンを語り、多くの企業や他国を引き寄せ標準化へ向かわせる。この段階では、アーキテクチャーやエコシステムのフレームワークの細部を決めず、方向性や枠組みを決める。第2段階では、プラットフォームを実現するために、アーキテクチャー化・モジュール化・標準化を推進し、企業間の連携を容易にし、各企業がより良いモノを選択できるような動きを進めていく。エコシステムの構造設計を行い、検証のためのテストベッドを推進する。

　そして第3段階になると、アーキテクチャー化・モジュール化・標準化を先導した胴元がビジネスの主導権を握るために、標準ITソリューション、準拠ソフトウェア・ミドルウェアを開発してテストベッドで利用し、順次普及させる。実質的な寡占化、つまりクローズ戦略を推進するとともに、商談の要件にこれらの標準に準拠する旨を記載し、グローバル市場のビジネスルールにしていく。このように、高度なオープン＆クローズ戦略を実現でき

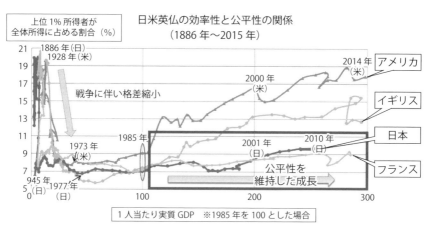

図1-5　戦後モデルの成功（効率性・公平性の両立）
　　出典：21世紀からの日本への問いかけ（ディスカッションペーパー）
　　平成28年5月　経済産業省　次官・若手未来戦略プロジェクト

た胴元が大きな果実を得ることになるのである。

　ここで、胴元に大きな果実が集中することにより生じる格差を社会が許容するかという問題がある。

　第2次世界大戦（太平洋戦争）前は欧米、日本とも個人間の格差が大きい社会であったが、戦争に伴って格差が縮小している。その後、経済成長とともに格差が拡大した欧米に対し、日本は経済成長をしながら格差の小さい社会を維持してきた。**図1-5**に示すように、社会的な公平性を維持しながら成長を遂げたともいえるが、一方で、格差が大きい社会にいることのメリットが大きい優秀な人材の国外企業への流出にもつながることになる。特に第4次産業革命において、その重要性がますます顕著となっているIT産業のように、全世界的に要員が不足している業種ではその傾向が強くなる。

　第4次産業革命においては、日本のモデルにおける「効率性と公正性の両立」が足枷となり、このモデルの変革が迫られているという側面もある。

⑤ モノづくりからコトづくりへのビジネスシフト

　従来、製造業のゴールは顧客に製品を販売していくことであった。その後、販売した製品を長く顧客に使用してもらうために予防保守や定期保守などのサービスを付加販売するようになり、適切なタイミングで部品交換や消耗品販売のレコメンドを行うようなビジネス形態も発展してきた。

　今後は、DXの進展によって、製品が顧客にどのような経験価値を与えているかという成果ベースのサービス提供が行われるようになる。それに伴い、顧客がどのような経験価値を得ているかが、提供する側と受ける側のどちらにも見えるようになってくることで、サービスがさらに拡大・進化し、モノづくりからコトづくりへのビジネスシフトが進むと考えられる。そして、製品そのものではなく、それが提供する価値が取引対象となるビジネスモデルに転換する。

　このようなビジネスモデルとして、「サブスクリプション」（モノやサービ

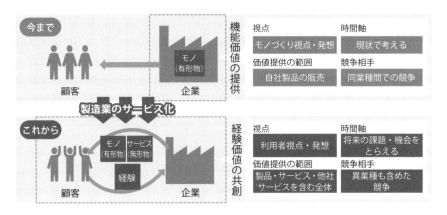

図1-6　製造業のサービス化

スなどの一定期間の利用に対して代金を支払う方式）や、「リカーリング」（安定した顧客基盤をもとに、サービス単体やそれにモノ・オプションなどを組み合わせて継続提供し、顧客のLTV（Life Time Value：顧客生涯価値）を最大化する取り組み）がある。

　これらのビジネスモデルは、「モノを製造・提供して、顧客から対価を得る」という考え方から、「顧客の経験価値を高めるために、モノにサービス的要素を加え、顧客とともに価値づくりを行う」考え方にシフトすることを意味する（図1-6）。そのためには、製品・サービス提供者は顧客の使用状況を把握し、製品が価値を出し続けることを保証していく必要がある。

　これを実現するためには、製品・サービス提供者は顧客サイトでの製品の使われ方や使用環境をとらえるとともに、遠隔でのソフトウェア入れ替えや、設定変更などにより個々の顧客のニーズに対応することが必要となる（図1-7）。

　デジタル化、IoT化やそれを実現するための製品のソフトウェア、スマートコネクテッド化は製造業のDX推進を促し、ビジネスモデルを大きく変容させる。そして、それらに適応していくためには業務プロセスや組織構造の変革も必要となる。

　製造業がハードウェアを売る（売り切り型）ビジネスから、製品が与える

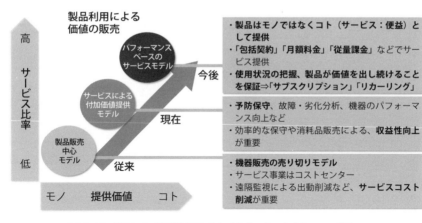

図1-7　顧客の「経験価値」に基づいたビジネスモデルへ

　成果ベースの経験価値提供型ビジネスに変化していくと、提供する価値や他社と差異化・差別化する価値も、ハードウェア製品のQCD（品質・コスト・納期）から個々の顧客に適した使い方を提供するソフトウェア、サービスへと変化する。それを実現するバリューチェーンやエンジニアリングチェーンも従来、日本の製造業が得意としていた1社統合型のクローズな垂直統合型から、オープンなコラボレーションを持つ「オープン&クローズ」型に変革していくことが求められ、そこでは「つながる」ことがポイントとなる。

　業務プロセスも、従来は同一製品において製品開発→製造→保守と進み、後は維持管理をするような一方向に流れていたものを、使用状況をモニタリングし、絶えずソフトウェアで品質改善や個々の顧客に合わせた価値向上を行うものに変革することになる。そしてこれらを実現できる組織は研究開発、製造、販売、サポートなどの機能別組織ではなく、顧客価値を高め続けるための新たな組織間・関連する企業間をまたいだものになっていく必要がある。

第2章
日本の製造業が立ち向かうDX革命

第4次産業革命によって、製造業は「良い製品（モノ）を製造して供給する」ビジネスモデルから、「良いモノを必要な分だけ製造するとともに、データをもとに顧客ニーズに合ったサービス（コト）を提供する」という新しいビジネスへの移行を迫られている。

　これまでの日本の製造業においては「モノをつくって売ること」が重要視され、モノの機能価値に重点が置かれていたが、今後は、「モノを使い続けてもらうこと」が重要視される。このような時代には、どうつくるかだけでなく、どう使われるか（使われる可能性があるか）やモノが使われる利用シーン全体を俯瞰する「システム思考」「デザイン思考」が必要となってくる。

　本章では、日本の製造業が立ち向かうべきDXの本質、および日本がDXにいかに取り組むべきかについて述べる。

DXの本質

　日本の企業には、DXがもたらす効果は既存の業務プロセスの効率化だと考えている人が多い。しかし、その本質は、自社の立ち位置と提供価値そのものを進化・変化させることにある。顧客接点や製品・サービスの提供形態の変化を伴うビジネスモデルの刷新、すなわちモノづくりからコトづくりへの変革や、新たなステークホルダーとの関係性を含めたエコシステムの構築こそが、DXの狙いである。

　DXは、既存の業務プロセス改善の延長線上にはない不連続で不確実性を伴うものである。つまり、デジタルテクノロジーが既存のどの分野で、どのように利用できるものなのかという視点で臨んでも、DXを実現することは難しい。

　しかし、多くの人がまず考えるのは、従来の業務を効率化しようということである。このようなアプローチだけでは、既存の産業をデジタル技術を駆使した新たなビジネスで代替するような、破壊的なイノベータであるデジタ

ル・ディスラプターに勝つことはできない。B2Cの世界でAmazonが次々に仕掛ける破壊的イノベーションにより、伝統的な小売業を中心にさまざまな市場で進行している変化や混乱（アマゾン・エフェクト）を例に挙げると、その本質はアナログからデジタルへの移行、「デジタルシフト」であり、人々を「時間」「距離」「量」「方向」などの物理的制約から解放することである。インターネット上では24時間いつでも、世界中のどこでも買い物ができる。売り手と買い手は、インタラクティブにコミュニケーションをとることができる。

　昨今、たとえばカメラならカメラというモノ自体の性能よりも、みんなの笑顔の写真が撮れるとか撮った写真を共有できるなど、モノを使ってできるコトの方が重視されるようになっている。モノを買うよりも誰かと何かをすること、一緒にその気分や空気、時間を共有することに価値が置かれるようになったのである。

　このように、いかに早く安く、効率良く品質の良いモノを大量につくるかという、かつての製造業のモノづくりの方法は時代に合わなくなってきた。消費者がそのモノを使ったら、どんなコトができるか、そこを考えていかなくてはならない。モノではなくコトをつくっていくこと、製品・サービスが提供された先にある新しい価値が求められており、これはB2B領域にも波及しつつある。

❷ 業務改革と新価値創造という2つの革新

　世の中の変革期に対応していくためには、既存業務の効率化を進めつつ、そこで得られた資金や余力をもとに新たな市場に新たな製品・サービスを提供することが求められ、このためには業務改善と新価値創造の2つの革新が必要となる。

　業務改善は、企業の環境変化に対応するために既存業務のオペレーションを見直すことであり、業務の中でさまざまなムリ・ムダ・ムラをなくし、効

率的に情報が流れるようにすることである。ここでいうムリとは、スキルの問題や1人の担当者に業務が集中することであり、ムダとは情報が整理されていないため、情報を取り出すのに時間がかかること（時間のムダ、ヒトという資源のムダ）や、二重作業を行っていること（時間のムダ、紙・ヒトという資源のムダ）、同じデータをバラバラに持っていること（保管場所のムダ、探す時間のムダ）などである。ムラは、平準化が行われていないことを指す。

　一方、企業の本質は価値の創造である。価値とは顧客が「モノやコトを購入・利用する理由」であり、この顧客視点の新たな価値を創出するのが新価値創造である。顧客が求める価値が、モノの所有による機能価値から利用による経験価値へシフトする中、産業のデジタル化により価値の源泉は従来の単品のモノ（ハードウェア）から、ソフトウェアやそれを実現するための「つながる場（エコシステム）」に変化している。さらには、（必要なときだけ）利用・参加する「シェアリング」という利用形態の発生・発展により、ネットワーク効果、データの集積や相互関係などが顧客価値の源泉となってきており、こうした顧客価値の変化に対応した価値創造が求められる。

3　技術革新におけるスピード感

　現代の産業においては従来、日本が得意としていた「完璧な品質を目指す」ことよりも、「ある程度の品質でスピーディに提供する」ことが重視される場合が多く出てくる。

　GAFAに代表されるシリコンバレー企業など、圧倒的なスピード感で常に新たなサービスを生み出し続ける企業だけではなく、中国も第4次産業革命の動きを加速している。台頭を続ける中国のAIベンチャーなどは徹底したオープン志向の戦略をとっており、これによって技術革新のスピードアップを図っている。

　レガシーを持たない企業や、レガシーがあってもそれを無視して革新を仕

掛ける国家などに対抗し、激化する市場競争を生き残るために今、日本企業が取り入れるべきは、そのスピード感である。

　たとえば、シリコンバレーのハードウェア系のスタートアップにとって、モノづくりパートナーの主役は中国・台湾系のEMS（Electronics Manufacturing Service：電子機器の受託生産を行うサービス）メーカーである。重要なのは、これらのEMSがシリコンバレー企業のスピード感やスケール感に対応していることである。納品される製品は品質のバラツキも多く、何割かは動かないこともあるといわれているが、スピードが品質に優先する場合もあるというのが彼らの感覚である。

　日本企業にとっては、動かない製品を納品するなど考えられないことだがその分、初期導入までの時間が長くかかるというデメリットがある。シリコンバレー企業のスピード感の背景には、市場競争に優位に立つことに加えて、投資家のプレッシャーもあるだろう。ベンチャーキャピタルなどは常に高い成長を求める。株主でもあり、企業価値を大きく高めるというベクトルを持っているからである。

　これらのアプローチは、「リーンスタートアップ」や「デザイン思考」などの形で体系化されている。考えていたソリューションに対して顧客の好ましい反応がなければ、それは課題に対するアプローチが違うということである。そのソリューションが駄目だということが早くわかれば、また次のソリューションを考えて試せばよい、というのがこのスピード感につながっている。

　自分たちが立ち止まり、動かない期間があると会社が生き残れなくなるリスクが出てくる、というのが彼らの感覚なのであろう。第4次産業革命の時代に日本企業が世界で生き残るためには、このような感覚を持つことも求められる。

4 PoC疲れから脱出する

　日本の製造業においても近年、DXを推進するための試みが活発化してきた。そして、これら新技術をもとに効率的な業務や価値あるビジネスを創出するため、多くの企業がPoC（Proof of Concept：概念実証）を実施するようになった。ところが、PoCに取り組んではみたものの、PoCから先に進まない事例が数多く出ている。それどころか、PoCを実施した企業の社員が「PoC疲れ」と呼ばれる状態に陥ることもあるといわれる。

　PoCは、コンセプトが実現可能かどうかを見極めるためのものであることから、実現に至らない例があるのは当然かもしれない。しかし、効率と効果を高めるはずの新技術の活用自体にネガティブな印象を抱くようになると、その後のPoCの実施、さらにはDXの試み自体に対して懐疑的になり、進められなくなる可能性もある。コストと時間を掛けた揚げ句に、DXの取り組みを後退させてしまうのはとても残念なことである。

　自社の現状や戦略との親和性を見極めながらDXの効果を検証するためには、具体的な取り組みの第一歩となるPoCが必要不可欠である。既存の業務を通じた経験や実績の蓄積では判断できない効果を得ようとしているのだから、まず具体的に試してみないとはじまらない。

　しかし、現場のエンジニアの多くは、自らの担当業務の改善については日々考え取り組んでいても、経営視点で既存業務の枠を超えた取り組みが求められるPoCに意義を見出すことは難しい。事業を俯瞰してはじめて見える意義と、現場のモチベーション向上をいかにつなげるかが、PoC疲れを起こさないようにするための重要な視点となる。

　DXという言葉からイメージするものが、人によって大きく異なることも課題といえる。このため、これらの技術を活用したモノづくりの高度化やコトづくりのイメージを、PoCによって具体的な形にして、その過程と結果をもとに関係者の意識合わせをしながら検討することが必要である。

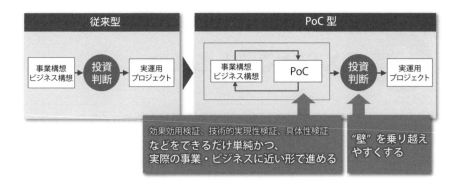

図2-1　PoCの進め方のポイント

　PoC疲れをもたらす要因の1つとして、他社事例の中に模範解答や万人にとっての一般解があると勘違いし、それを安易に真似てPoCを試みることがある。安心を得るために、他社の成功事例を模倣することにとらわれ、自社が取り組むべきPoCやゴールを見失う。そのままPoCを実施して、ようやく自社の状況と模倣元の事例の違いが顕在化すると、自社の状況に応じたPoCの検討を再度ゼロベースで実施せねばならないハードルに疲れてしまうことも考えられる。

　また、PoCから先にプロジェクトが進まない要因としては、PoCの取り組みが部分的なデジタル化に終始してしまいがちなことが挙げられる。たとえば、製造業ではどの工場のどの工程でPoCに取り組むべきか、という思考に陥ることが多い。しかし、これではモノづくりに限定した部分最適化だけを目指す活動にとどまってしまう。当然、効果も限定され、より広範な取り組みに発展させる次のプロセスにもつなげにくい。デジタル化を部分的な改善・改良のために活用しても、DXにはならない。

　PoCは、実際のDXの取り組み全体をコンパクトに縮小した形で行う必要がある。PoCであるにもかかわらず要望が壮大で、PoCの要件定義を細かくしないと着手すら認められないようなケースも散見される。PoCは、投資と効果をある程度見極めるための活動であることを認識し、時間を掛け過ぎずに結果を出していく必要がある（図2-1）。

⑤ DXによるコトづくり

　DXは、新しい顧客価値の創出を加速させる。顧客情報を活用し、企業が顧客と「つながる」こと、顧客視点で最適なモノやコトを提供できるプレイヤー同士が「つながる」ことにより、新しい顧客価値をつくることが可能となる。

　製造業には製品単体の売り切りではなく、安定した顧客基盤から継続的に収益を稼げるビジネスモデルへの転換が求められる。たとえば、機器やヒトから発生するデータを経営資源化することや、自社のドメインであるモノと、そのモノに対するサービスを組み合わせて提供することなどがそれにあたる。モノを熟知していることがデータやサービスの価値を創出するともいえる。

　そのために必要なのは、顧客が得る経験価値に基づいたビジネスを実現していくことである。「モノをつくって売る」ことから「モノを使い続けてもらうこと」へのゴールの移行、いわゆる「コトづくりへのビジネス変革」が求められる。たとえば、使われ方や利用環境に合わせて賢くなっていくモノを提供するため、モノの制御をハードウェアからソフトウェアに移行するソフトウェア・デファインド化、モノをネットワークに常時接続してデータをやり取りできるようにするスマートコネクテッド化が求められるほか、従来の開発プロセス、体制の見直しなども求められる。

　ソフトウェアがモノの機能や性能を実現する割合が大きくなれば、モノづくりの現場は、出荷後も顧客の使用状況に応じネットワークを介して機能などをアップデートすることで、モノを使う現場に介入できる。つまり、顧客の使用環境や不具合をとらえ、ソフトウェアを変更することで、即座に顧客への新たなサービス提供ができるようになる。これにより、顧客が使用しているモノのパフォーマンスを最大化することが可能となる。止まらない設備・高稼働率の設備を実現するための予知保全、デジタルの力を生かした最

第❷章 日本の製造業が立ち向かうDX革命

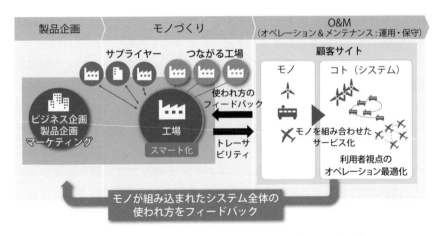

図2-2 製造業に求められるDXによるコトづくりの取り組み

適化シミュレーションの技術などがそれを支えることとなる。

　顧客視点でのO&M（オペレーション＆メンテナンス：運用・保守）ビジネスを実現していく取り組みも必要である（図2-2）。今後、自社の提供したモノだけではなく、他社が提供したモノも含めた全体最適が求められる。単品→ライン→施設全体→つながったネットワーク（システム）全体という広がりを持ったデジタルツインの実現と、顧客視点での既存設備・他社機器も含めたO&Mの最適化が求められる。

　DXによってサービス提供者が得ることができる顧客の利用状況・使用状況は、自社が従来から蓄積してきた顧客との接触履歴やビジネス情報と組み合わせることにより、「最適なコンテンツや製品、サービス」を「最適なタイミングやチャネル」で「誰（ヒト）」に届けるかを判別するための重要な情報となる。これは、製品の故障や消耗品交換が必要なタイミングに合わせてサービスを提供するなど、顧客の経験価値を向上する手段の1つとなる。

　エレベーターのメンテナンスを例に挙げると、顧客はエレベーターの運転停止時間の短縮を求めており、定期メンテナンスなどの決められたタイミング以外での停止は極力少なくすることを求めている。一方、ヒトが閉じ込められたときのように、迅速な対応が必要となることもある。O&Mベンダーはこれらの個々の事象に最適な対応を行うため、エレベーターの遠隔監視、

43

リモート点検、遠隔診断などの対応を行っている。そして発生した事象に応じ、連絡すべきヒトや対処すべきタイミングなどを判断している。

DXによるコトづくり化の本質は、モノづくりの場面（モノづくり現場や製品企画現場）とモノを使用する場面とをつなぎ、連携させることにある。その仕組みは、モノの使用の場面の変化やニーズをいち早くモノづくりの場面に反映し、それを使用する場面にフィードバックして顧客価値を向上させることにある。

この実現において、経営資源としてのデータの役割は一層大きくなる。DXの成功の可否はデータにかかっているといっても過言ではない。今後、製造業はデータに基づき、ハードウェア、ソフトウェア、サービスなどを一体としたコトととらえ、その全体の価値をサービスとして提供し、対価を得るビジネスモデルに転換することが求められる。

そのために、モノが使用される場面は、モノづくりの場面だけでなく、ビジネス企画や製品企画、マーケティングとも一体化されなければならない。そして、顧客の総合的なサポートを従来のモノづくり企業1社で行うのは困難であるため、プラットフォームを中心としたエコシステムという「場」の存在が重要となってくる（これをプラットフォーム・エコシステムと呼ぶ）。

「場」の観点から見ると、モノづくり企業が「場」につながっていくときに、受動的に「場」につなげるのではなく、自社の能力を能動的にサービスに変換して、提供することが重要となる。このような手段を用い、顧客へのモノを通した価値提供に直接貢献できる仕組みを実現することが「DXによるコトづくり化」なのである。

サービスビジネス化

Uberは、ドライバー側と利用者側の両方のスマートフォンから、位置データ・時刻・現在地・目的地などを吸い上げ、それとインターネット上の地図情報、交通情報、ドライバーの評価情報、決済機能などとを組み合わせ

ることで、利用者の「今居る場所から目的の場所に移動したい」というニーズを満たすことに成功している。

ここでスマートフォンは、個々のクルマやドライバーという現実世界の違いや複雑さを「抽象化」「シンプル化」し、インターネット上で「つなげる」ことで新しい価値を生み出しているといえる。さらに、顧客が利用するスマートフォン用のアプリケーションは利用者の利便性を高めるよう工夫されており、「迎車の現在位置」がほぼリアルタイムでわかり、「あと何分で到着するか」という到着予測もされる。さらに、過去の利用履歴の確認や利用ルートが表示された領収書の発行なども可能で、まさに至れり尽くせりの利用者サービスを提供している。

コトづくり化、サービスビジネス化は決して容易なことではない。自社の製品から、どのような「コト」を提供することができるのか、さらに「コト」をいかなる手段により収益化できるのか、というビジネスモデルの壁が立ちはだかっているのが現実である。

一般的に、会社の経営状態について情報を得ようとする場合、まずどの数字を見るであろうか。資本金・売上高・純利益・営業利益・自己資本比率・流動比率など経営を判断する指標はたくさん存在するが、その中でも大きなポジションを占めているのが「売上」である。だが、「サブスクリプション」や「リカーリング」などのコトビジネスでは、その売上だけでは企業価値が測れなくなる。決算書で売上はわかる。だが、その売上を構成する顧客についてはわからない。新規顧客なのか既存顧客なのか、既存顧客の場合、アップセルなのかクロスセルなのか。そして、どれだけの期間取引がある顧客なのか。顧客の価値はLTVで推測することができる。

コトビジネスにおいては、顧客といかに継続的な関係が構築できるかが重要である。従来の重要業績評価指標（KPI）である売上、モノ売りの「顧客数×単価×数量」という数式が、コトビジネスではLTVつまり「顧客数×使用料×利用数×利用期間」という数式となる。特に重要なのが、最後の「利用期間」である。

コトビジネスは、簡単にはスケールしない。収益化までに時間がかかる。

従来のモノ売りに比べて初期の段階では、単年度の売上は小さくなる。たとえば、5年間利用するサービスを1億円で受注した場合、コトビジネスだと、単純計算で初年度の売上は2,000万円にしかならない。1億円の売上になるには5年かかる。つまり1億円のモノ売りに比べ、最初の売上は小さく見える。しかし、コトビジネスでは前年までの売上がそのまま継続するため、着実な成長が見込めることになる。そのため、いったんスケールしはじめると止まらないということになる。コトビジネスで成果を上げるためには、最初の数年は利益が従来のモノ売りに比べ、減少することを覚悟して臨まなければならない。

　数年間継続できれば、前年まで蓄積した売上が自動的に継続し、当年度の新規契約を獲得するリソースだけ投入すればよいことになる（もちろん、既存顧客のフォローは必要ではある）。この段階までくれば、安定と成長を同時に実現できることになり、かつ、後発に対する参入障壁を築くことが可能になる。さらに、サービス機能を個々の顧客に合わせてアップデートし、サービスの経験価値を高めることで、徐々に競争優位を実現することが可能になっていく。後発企業は売上を上げるまでに時間もかかり、その中で先行企業がサービス機能を強化していくため追いつくのも難しくなり、差はどんどん開いていく。

　コトビジネスは、先行者がルールメーカーになり得るビジネスモデルともいえる。

プラットフォーム・エコシステムへの参加

　「モノ」も「コト」も、企業や業界、国・地域を越え、サイバー空間における価値共創の仕組みの中に一体化されようとしている。それがプラットフォームである。サイバー空間での価値共創を実現するための条件や課題、たとえばセキュリティや法整備などが議論されはじめているのも、プラットフォームの台頭の延長上にあるものととらえる必要がある。

第❷章　日本の製造業が立ち向かうDX革命

　モノづくりからコトづくりへのシフトが進む中で、各企業は一社で顧客視点でのトータルなサービス実現をすることが困難となり、プラットフォーム・エコシステムという「場」を自らつくるかそれに参加し、ビジネスモデルを進化させることが必要となる。

　プラットフォームづくりの取り組みは、日本でもはじまっている。建設業界では、コマツ（株式会社小松製作所）が他社（NTTドコモ、SAP、オプティムなど）と共同で、建設現場に関わるさまざまなプレイヤー間のデータ共有の「場」である「LANDLOG」（株式会社ランドログ）というプラットフォームを提供している。

　LANDLOGは3次元のデジタルデータをその中心に置き、建設作業を自動化する「SMART CONSTRUCTION」を目指しており、ドローンや3Dスキャナー、ステレオカメラ（対象物を複数の異なる方向から同時に撮影することで、奥行き方向の情報も記録できるようにしたカメラ）などを用いて作成された3Dの測量・地形データ、建設関係の車両の積載状況や場所データなどを集め、さまざまな土木・建設業の企業が集まる「場」をつくり、安全で生産性の高い建築現場を実現しようとしている。さらに今後は、建設現場で得たノウハウを林業や農業など他の領域に展開することも考えており、業界の枠を超えた「場」になろうとしている。

　たとえばSMART CONSTRUCTIONの一環として、ドローンで撮影した映像をクラウドで処理し、3Dの地形データを作成するような取り組みが進んでいる。従来の方法で測量すると、データの整理なども含め3Dの地形データができ上がるまでに10時間以上を要していたが、ドローンで撮影しながらリアルタイムでデータを処理することで、3Dデータの作成を20分程度に短縮できるという。20分程度で3D測量データが完成するのであれば、日々の建設現場の進捗を3D測量で把握することが可能となり、従来は考えられなかったプロセス変革が実現できることになる。さらに、デジタル技術を用い、熟練度の低い技術者に対する遠隔支援やサポート機能を提供することで、これまで熟練技術者しかできなかった作業を、誰でもできるようにしている。

　コマツは以前から、KOMTRAXというスマートコネクテッド型プロダク

47

トを推進してきた。同社の顧客企業が保有する建設機械の盗難を防止するサービスを提供したり、建設機械のオペレーションのデータをコマツが自ら取得して製品の改良につなげたりするなどの取り組みも知られている。油圧ショベルや掘削機などの建設機械はインフラ投資や都市開発に不可欠であるため、その売れ行きは景気の大まかな先行きを見通す先行指標として注目されている。KOMTRAXは、建設機械というモノが生むデータが価値を持つことを示したのである。

　ただ、建設現場が必要としているコトをフルサービスとして提供するには、建設現場全体をつなぐプラットフォームが必要であった。それをコマツ一社で提供することは現実的ではない、と判断したのであろう。コマツは、LANDLOGというエコシステム型の取り組みに舵を切った。

　LANDLOGは、調査・測量・設計・施工・メンテナンスなどの建設プロセス全般のデータ収集、それらのデータを理解可能な形式に加工して提供するオープンなIoTプラットフォームである。多くの企業や現場から多種多様なモノのデータをAPI（Application Programming Interface：ソフトウェアコンポーネントが互いにやりとりするのに使用するインタフェースの仕様）経由でLANDLOGに収集し、蓄積された大量のデータから相関などをAIで把握し、世界中の多種多様なアプリケーション開発パートナーにさまざまなAPIを通じてコトとして提供している。

　また、アプリケーションストア経由でのアプリケーションの提供も行っている。さらに、コマツは建設現場のすべての建機の最適運用を顧客視点で実現するために、他社製も含めた建機情報のデジタル化を可能とする後付け機器を投入することを発表している。このようにしてコマツおよびLAND-LOGは、収集データ量を飛躍的に高め、建設業におけるデータ経済圏で主導権を握ることを目指す取り組みを着実に進めていると思われる。このような取り組みにより、コマツは他社に対し一歩先を歩き続け、参入障壁を築いており、それはコトづくりの先行者メリットの1つといえる。

　LANDLOGに参加する各企業も、自社が持つ技術を「サービス」とその「価値」に変換し、エコシステム全体の能力の最大化を実現する取り組みを行っている（**図2-3**）。

第❷章　日本の製造業が立ち向かうDX革命

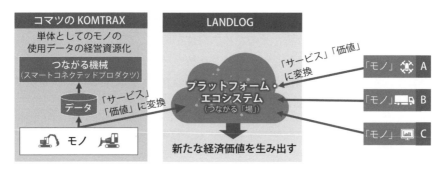

図2-3　企業がエコシステムという「場」につながるときに必要なこと

❽ エコシステムを実現する人材

　ビジネスプロセス全体のDXを目指した取り組みには、当該産業についてノウハウを持つ人材、技術について知見を持つ人材など、縦横の強みを持つ人材を組み合わせ、活用することが求められる。また、これらを取りまとめるコーディネーターの役割も重要となる。

　たとえば、製造業におけるコトづくりにおいては、モノをつくって売るだけではなく、それ以降の収益タイミング（アフターサービス、メンテナンスなど）の多頻度化が重要で、バリューチェーン全体の視点での検討が求められる。従来は収益のなかったモノ売り後のタイミングで、多頻度に収益を得るタイミングを設けたり、新しい価値を見出したりするためには、IoTやAIなどの先端テクノロジーをバリューチェーンの隅々まで組み入れたデジタライゼーションの取り組みが重要となる。これを既存の各組織が縦割りで行うのは難しい。

　そのため、組織横断あるいは企業の枠組みを超えた、多角的な人材からなる体制・組織づくりが求められる。この際に、参加メンバーにどのような専門性が必要かを見極め、組織づくりを進めることが必要となる。既存組織に

おいては、既存ビジネスで活躍している人材を新規ビジネスに投入することを躊躇する傾向も見られる。そのため、全体を俯瞰したトップダウンの目線は不可欠である。また、新しいナレッジを持つメンバーも入れて進める必要があり、参加する企業以外からの新しい人材の登用や、企業間での人材交流を進めることも必要となる。

オープン&クローズ戦略

　オープン化、オープン&クローズ戦略は、日本の製造業のコトづくり化において重要なテーマである。第1章でも述べたように、プラットフォーム・エコシステムの実現においてはオープン&クローズ戦略を用いた仲間づくりが重視される。つまり、自社の技術はその権利の所在を明確にした上で内容を公開し、それによって他社に関連する技術や製品・サービスの開発を促しマーケットを拡げることで、結果的に自社の技術の経済的な価値を高めることがますます必要となる。

　たとえばiPhoneは、iPhone上で動くアプリケーションの数が少なければ、これほど普及はしなかったであろう。第4次産業革命においては、オープン&クローズ戦略が技術の進歩を促し、結果的にマーケットを拡げることで自社の技術経済的な価値が高まることになる。つまり、オープン&クローズ戦略は、技術のウェイトがソフトウェア中心となるDX時代の方向転換を支える戦略といえる。

　各企業の戦略においては、内部の仕組みは隠蔽しつつ、外部とのインタフェース部分についてはオープン化に対応するというスタンスが必要である。その本質は、クローズ領域を守った上でのオープン化であり、ビジネス・エコシステムとビジネス・プラットフォームを自社に優位な形で形成し、競争ルールも自社に優位なものにすることである。すなわち、自社のコア領域からサプライチェーンへ強力な影響力を持たせる「伸びゆく手」を形成することである。

第❷章　日本の製造業が立ち向かうDX革命

オープン＆クローズ戦略は3つの要素からなる。1つめは「オープン」であり、そのポイントは外部イノベーションである。市場への参入コストがゼロに近く、参入障壁が低く、協業領域が大きい場合、グローバル市場で多くのパートナーがイノベーションを起こしてくれる。

2つめは「クローズ」であり、そのポイントは内部イノベーションである。これは差異化・差別化の原点であり、競争領域と位置づけるものである。個々の企業レベルで技術・製品イノベーションを起こす領域といえる。

3つめが「伸び行く手」であり、クローズ領域からオープン市場へ向かう市場コントロールのメカニズムである。ビジネス・エコシステム側の外部イノベーションの成果を自社へ取り込み、ビジネス価値を高める仕掛けを形成しておくことが必要である。

⑩ DXに取り組む日本の製造業への処方箋

従来の日本の製造業においては、そのビジネスモデル、業務（ルール）、組織は、モノづくりの現場に最適化されており、企業の取り組みは業務改善に偏重する傾向がある。日本の製造業がDXに取り組んでいくためには、まずこのような問題意識の共有が必要であることはいうまでもない。しかし、問題意識が共有できても、次の一歩を踏み出せないという体質が日本企業には内在している。

この体質を改善する処方箋は4つあると考える。

まず、日本企業の現場は、現場・現物・現実という3現主義で成り立っており、これが強い現場を支えてきた。この強みを活かしつつ、現場から採取したファクト情報にビジネス情報、設計情報などを組み合わせ、ビジネスに活用していく取り組みが必要となる。そのためには、これらの情報を組み合わせ、活用するためのデジタルツイン・モデル（データモデル）やシミュレーション技術などを用い、現場にフィードバックすべき最善の策を見つけ出していくような、デジタルの世界と現場とが共存していく仕組みづくり、

51

CPSの具現化が必要である。

2つめは、ROI（Return On Investment）が明確になってから新技術を導入するという考え方（ROI主義）や、実証できているモノ、実績あるモノを利用したいというような考え方（先例主義）の壁を取り払うことである。

3つめは、モノづくり偏重の発想からいかに脱却するかである。どうつくるかだけでなく、どう使われるか（使われる可能性があるか）への発想の転換や、モノが使われる利用シーン全体を俯瞰する「システム思考」「デザイン思考」が必要となってくる。

最後の4つめが、トップと現場の危機感のギャップをなくすことである。欧米企業はトップの強烈なリーダーシップで改革を推進しているのに対し、日本企業ではボトムアップ型の取り組みが多く、トップと現場の意識が必ずしも一致せず、社内調整や稟議を通すのにも時間を要するといわれる。この解消が必要となる。

時代の変化に対応して日本企業が自ら変化を起こすためには、その体質を革新し、いかに欧米のスピードに並び、勝てる体質に変革していくかが重要となる。

第**❷**章　日本の製造業が立ち向かうDX革命

> **Column**

東芝のリファレンス・アーキテクチャー策定の取り組み

　第2章で述べたように産業のデジタル化により、価値の源泉は従来の単品のモノ（ハードウェア）から、ソフトウェアやそれを実現するための「つながる場」（プラットフォーム・エコシステム）に変化している。本コラムでは、「つながる場」を実現するための標準の仕組みとして重要なリファレンス・アーキテクチャーについて述べる。

　リファレンス・アーキテクチャーとしてはドイツのインダストリー4.0のRAMI4.0（Reference Architecture Model Industrie4.0）、米国IIC（インダストリアル・インターネット・コンソーシアム）のIIRA（Industrial Internet Reference Architecture）などが有名である。また、インダストリー4.0とIICが互いに連携・協業していくことも合意されている。

　アーキテクチャーとは、もともとは建築における建築様式や工法、構造などを表す言葉であった。ITの分野では、このアーキテクチャーという言葉がコンピュータやソフトウェア、システム、あるいはそれらの構成要素などの基本設計や共通仕様、設計思想などを指す言葉として使われている。

　個別の具体的な製品などの仕様や実装ではなく、基本的な構造や設計、動作原理、実現方式、共通する仕様や設計、特定の技術や構成要素に関する共通化・規格化された仕様などの定義がアーキテクチャーと呼ばれる。

　第4次産業革命の時代においては、さまざまなプレイヤーがDXを実現していくためのプラットフォームを活用したエコシステムづくりがポイントとなる。さまざまなプレイヤーが参加して製品・サービス開発が推進されることになるため、共通フレームワークとして参照されるべきアーキテクチャー（リファレンス・アーキテクチャー）の存在は重要である。

　ボトムアップ中心の日本では、なかなかこうしたリファレンス・アーキテクチャー策定が進んでいなかったが、筆者が勤務する東芝グループでは「東芝IoTリ

53

ファレンスアーキテクチャー（Toshiba IoT Reference Architecture）」を策定し、この課題に対応している。

　「東芝IoTリファレンスアーキテクチャー」は、米国NIST（National Institute of Standards and Technology：アメリカ国立標準技術研究所）のCPSとIIRAに準拠し、東芝の多くの事業領域で実用されている制御技術・IoTソリューションのノウハウや、モノづくり企業として長年にわたり蓄積してきたさまざまなコンポーネント技術を加味して定義された。

　IIRAはEdge/Platform/Enterprise Serviceの3階層（3-Tier）で定義されており、「東芝IoTリファレンスアーキテクチャー」もこれに準じている。

　また、現在のIIRAでは明確に示されていないSystem of Systems（SoS）への対応を定義している点も特徴といえる。東芝では、エネルギーシステムや社会インフラシステムなど、異なる複数のシステムが互いに複雑な関係を持つ、日常生活になくてはならない重要なシステムを実現している。東芝では、このようなシステム構築にも対応できるリファレンス・アーキテクチャーを目指している。

　また、東芝は「東芝IoTリファレンスアーキテクチャー」を国際標準であるIIRAにフィードバックしていくことを考えている。

　そして、as a Service（ソフトウェアコンポーネントなどコンピュータ処理に必要なすべてをサービスの形で提供する概念）として、エネルギー、社会インフラ、ロジスティックス、マニュファクチャリングなどの各ドメインのソリューションを「東芝IoTリファレンスアーキテクチャー」に準拠させていく。これを、サービスを束ねたスイート製品・サービスのリリースにつなげていく。

　「東芝IoTリファレンスアーキテクチャー」を定義し、IIRAのような国際標準にフィードバックしていくことで、日本の製造業のグローバルプレゼンスの向上にも寄与することをと考えており、こういった動きが、従来グローバルの場でTake中心だった日本企業が、Give & Takeの道を歩みはじめるきっかけになることを目指している。

（福本　勲）

第❷章　日本の製造業が立ち向かうDX革命

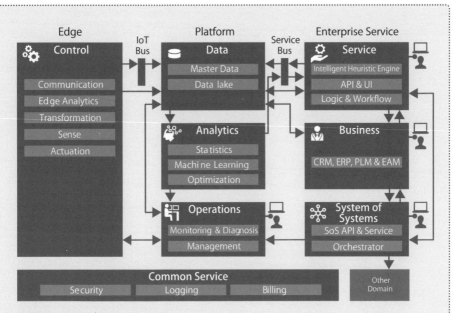

※ Edge：エッジ
　Platform：プラットフォーム
　Enterprise Service：エンタープライズサービス
　Control：コントロール（制御）
　Data：データ
　Analytics：分析
　Operations：オペレーション
　Service：サービス
　Business：ビジネス
　System of Systems：システム・オブ・システムズ
　Common Service：共通サービス
　API：Application Programming Interface（アプリケーションプログラミングインタフェース）
　UI：User Interface（ユーザーインタフェース）
　CRM：Customer Relationship Management（顧客関係管理）
　ERP：Enterprise Resources Planning（経営資源管理）
　PLM：Product Lifecycle Management（製品ライフサイクル管理）
　EAM：Enterprise Asset Management（設備資産管理）

東芝IoTリファレンスアーキテクチャー Ver2.0（3 Tier Architecture）

55

第  章

「プラットフォーム・エコシステム」のビジネスモデル

本章では、グローバル・ローカルに展開するプラットフォーマーとIoTプラットフォームの機能と役割に焦点をあてる。また、プラットフォームを中心としたエコシステム（プラットフォーム・エコシステム）に注目し、その中にどのようなタイプの企業が存在し、どのような役割やサービス提供を担っているのかについて述べる。

　IoTデータを取り扱うためのプラットフォームは、従来のPCやサーバで使われていたITプラットフォームとは異なる。そのためIoTプラットフォームの選定においては、ITプラットフォームとは違った選定基準が必要となる。その理由は、機器やセンサーから得られる膨大なIoTデータを収集・蓄積する機能や、IoTデータを最大限活用するための各種APIなどが求められるためである。

　従来のITシステムでは、必要な機能やアウトプットの目的に合わせてそのときの最適なプラットフォーム（基本ソフトウェア（OS）やデータベースなどのインフラ）を選択すれば良かったが、IoTプラットフォームの場合には必要な機能を持つプラットフォームをその都度選ぶことが最良の選択であるとは限らない。プラットフォームに蓄積した膨大なIoTデータを、その都度他のIoTプラットフォームへ移行するのは大変なので、収集・蓄積される膨大なIoTデータを利用するためのAPIを備えたIoTプラットフォームを採用し、IoTデータの利便性を高める方法を選択することが望ましい。

　本章では、こうした状況を踏まえて、製造業がこれからIoTに取り組む際にプラットフォームを選定するポイントについて述べる。

　特定のプラットフォームに格納されたデータは通常、他のプラットフォームではそのまま利用できない。フォーマットや属性情報などに欠落が生じたり、データ間の関係性が保持できなくなったりするためである。これは、グループウェアのロータスノーツのシステム移行をイメージするとわかりやすい。

　長年利用して膨大なデータやワークフローが溜まると、過去の蓄積が移行の足枷となる。IoTプラットフォームにおいても、これと同様のケースが想定される。膨大な蓄積データが乗り換えを難しくする。したがって、IoTプラットフォームの選択の際は可能な限り発展性が高く、長期的に安定したサービス提供が可能なものを選ぶことが望ましい。

第**❸**章 「プラットフォーム・エコシステム」のビジネスモデル

【ITとIoTの意味と役割の違い】

IT（情報技術：Information Technology）とIoT（モノのインターネット：Internet of Things）の意味と違いについて以下に説明する。

■ITとは

ITとは、これまでヒトが行っていた作業をシステムに置き換えることで、省力化・自動化・効率化などを可能とする技術である。システムの構築においては、その導入費用（構築費用）や保守サポートなどのランニング費用が発生する。システムを維持する際にはIT技術者のサポートが必要となるが、社外ベンダーへアウトソースすることも可能である。

■IoTとは

IoTとは、モノ（設備や機器類など）やヒトなどにセンサーやカメラをつけて、そのデータを収集・蓄積・解析し、解析結果などを使ったサービス提供により価値（メリット）を得るという概念である。IoTの導入とは、「①データ収集・蓄積→②データ解析→③データ活用」の3つのステップで行う必要がある。収集したデータに、AIや統計解析などの処理を行うことで、さらに高い効果や付加価値を生むことができる。IoTサービスの維持のためには、IoTサービスを利用する企業が、社内にIoT担当者を置く必要がある。社内のノウハウや機密に関わるデータを取り扱うことから、社外への情報漏洩やノウハウ流出のリスクを避ける必要があるためである。ただし、IoTサービスを提供するIoTアプリケーション開発においては社外ベンダーの支援を得ることも可能である。

IoTプラットフォームでは、米国のGEが提供する「Predix（プレディクス）」、ドイツのSiemensの「MindSphere（マインドスフィア）」などが有名である。国内では、コマツが主導する建設業向けの「LANDLOG」などがあり、それぞれパートナーと協業してプラットフォームを構築している。

59

❶ 1つの国、企業だけで完結する モノづくりの限界

　プラットフォーム・エコシステムのビジネスモデルを説明する前に、ここに至る日本のモノづくりの経緯について、サプライチェーンの視点から整理する。第2次世界大戦（太平洋戦争）の敗戦後、日本のモノづくりは世界最大の市場を持つ米国のサプライチェーンの一部を担うことで、急速な回復発展を遂げた。昭和初期の日本の製造業を支えていたのは、職人技に支えられたモノづくり技術であった。

　日本の近代化は、鉄鋼などの重工業や繊維産業を支える機械化からはじまった。大量生産の技術は、機械設備の大規模投資が可能な官営工場や軍需産業などを背景とした財閥や大企業のみが保有していた。町工場の大半は、小規模であり、モノづくりの全工程を職人が手掛けていた。

　敗戦後、日本の製造業は、米国の大量生産技術に学ぶことで一気に発展成長することになる。軍需産業で培った航空機や船舶のブロック工法などの生産技術は自動車や産業機械分野で生かされ、大量生産における短納期と高品質を実現させた。繊維産業で培った緻密で高度な縫製技術は、家電やハイテク製品などの小型化・高機能化へ引き継がれた。戦後復興期から1970年代以降の高度成長期へと、日本の製造業は発展してきたのである。

　日本の産業構造の特徴は、完成品を生産する大企業と、その部品を生産する中小企業がピラミッド型組織を構成していることにある。大企業がトップに立つことで、中小企業が苦手とする安定した需要の確保や、生産に必要な原材料や設備の手配が可能となり、国内市場では、自動車や産業機械などで複数の企業グループが競争を展開することとなった。

　世界最大の市場を持つ米国では日本製品の位置づけは低く、日本製品が米国市場で競合として認知されたのは1970年代になってからであり、それ以降高まりを見せた。米国の製造業は、1990年代のリセッションで大きく衰退し、米国は製造業の代わりにコンピュータや金融など情報産業を基幹産業

第❸章 「プラットフォーム・エコシステム」のビジネスモデル

○欧州委員会は、今後10年間の欧州経済戦略である「欧州2020」（2010年3月）に基づき、2010年5月、デジタル単一市場の創設を目指した「欧州デジタルアジェンダ」を公表。本年11月に発足した新欧州委員会では、本取組を推進するため、デジタル単一市場担当の副委員長（エストニア）およびデジタル経済・社会担当の委員（ドイツ）を新たに設置

○ドイツは、2011年、開発・製造・流通プロセスをIoTにより全体最適化する「インダストリー4.0」戦略を採択。BoschやSiemens、ABB、SAPのほか、多数の企業が参加。本年8月には、本取組を強力に推進することを含むIT戦略の行動計画「デジタル・アジェンダ2014-2017」を閣議決定

「欧州デジタルアジェンダ」に挙げられている7つの優先課題
①活力あるデジタル単一市場、②相互運用性と標準化、③信頼性向上と情報セキュリティ④高速及び超高速インターネットアクセス、⑤研究とイノベーション、⑥デジタル・リテラシー・スキルおよびインクルージョンの向上、⑦ICTが可能とするEU社会への恩恵

第1次産業革命	第2次産業革命	第3次産業革命	第4次産業革命
蒸気機関による自動化	電力の活用	ロボットによる自動化	IT＋ロボット技術による
（18世紀後半）	（20世紀初頭）	（1980年代以降）	新たな産業革命

重点分野（標準化、通信の高度化、情報セキュリティ、人材育成、規制、エネルギー効率など）ごとにWGを設置。政府は、民間からの提案に基づき技術開発助成を実施

〈標準化〉
2013年11月、「Industrie 4.0 German Standardization Roadmap」案を発表
製造現場、工場全体、データ連携などのIndustrie 4.0関連技術で必要となるIEC/ISO化の動向を整理・明確化
※IECにおいて、Industrie4.0を念頭に置いたスマートマニュファクチュアリングのあり方に関する議論がすでにはじまっている

〈技術開発〉
ドイツ「ハイテク戦略」の一環として、先端クラスターに1件当たり、最大2億ユーロを助成。Industrie 4.0関連では「考える工場」プロジェクトが2億ユーロを獲得

図3-1　プラットフォーム・インダストリー4.0：ドイツの欧州委員会への働きかけ
出典：IoT時代に対応したデータ経営2.0の促進　平成26年12月　経済産業省　商務情報政策局

とした。このタイミングでコンピュータを利用した第3次産業革命がはじまった。結果的にコンピュータ化による生産性向上の恩恵を受けたのは日本の製造業であった。

日本で実用化された第3次産業革命のノウハウや生産技術は、安い人件費と豊富な労働力を持つ中国やアジア新興国へ広がった。日本企業は、米国市

場を優先していたが、中国やアジア新興国は欧州市場にも近く、2000年代半ば以降、中国は「世界の工場」と呼ばれる工業化に成功した。

日本や中国、アジア新興国の影響力が大きくなり、製造業の比率が高い産業構造を持つドイツは大きな危機感を抱いた。2005年当時では、労働者1人当たりの賃金が、ドイツと中国で8倍から10倍もの格差があった。このままでは高賃金のドイツに、勝ち目がないことは明白であった。そこで考え出されたのが、インダストリー4.0と名づけた新しいモノづくりによる製造業のルール変更であった（**図3-1**）。

ドイツの狙いは、自国の製造業を守るために中国にサプライチェーンの一部を担ってもらうことにあった。米国が日本にサプライチェーンの一部を担ってもらったのと、同様のことを目論んだのである。米国がコンピュータなど情報産業と金融業に基幹産業をシフトしたのに対して、ドイツは基幹産業を製造業から他の産業へ移すのではなく、生産のデータと物流のデータをネットワークでつないでドイツと中国で役割分担をすることで、生き残ることを目指した。

② サプライチェーンにおけるプラットフォームの価値

物流と情報通信が発展したことで、製造業のビジネスモデルは次の段階へレベルアップするチャンスを得た。これまでのモノづくり企業は人件費が安い場所に工場を建て、そこに原材料とヒトを集めてモノを製造し、顧客がいる市場へ出荷していた。モノのコストは、人件費、原材料費、物流費がその大半を占めていた。しかし、21世紀に入って顧客ニーズの多様化と生産技術の高度化により、モノづくりの主流は多品種少量生産や個別受注生産へと移行した。大量生産でつくったモノは売れなくなり、過剰在庫や物流コストなどの問題も生じることとなった。さらには、顧客ニーズが多様化したことで、1つの国や企業だけでモノをつくるのが難しくなった。

大量生産型のモノづくりは、大きな需要が見込める製品を安価に生産する

第**③**章 「プラットフォーム・エコシステム」のビジネスモデル

のには向いているが、少量生産や個別受注生産では作業工程の段取り変更などに手間が掛かり足枷となった。顧客が国内からグローバルへ広がると、サプライチェーンは長くなり、製造コストが上がって納期が長くなった。ドイツ製品は、高機能で優れており高く評価されていたが、その市場が欧州からグローバルへ広がるとサプライチェーンが長くなり、競争力が低下した。一方、中国の製品は次第に高機能となり、品質も安定していった。いずれ中国製品がドイツ製品を越えることが予想され、この問題を打開する策として考えられたのがインダストリー4.0であった。

インダストリー4.0は、ドイツ国内の工場と中国の工場が連携して生産工程を分業するという、新しいモノづくりのコンセプトであった。ドイツはこの考え方を国際標準化し、それを自身が主導する戦略を立てた（国際標準策定は、2016年にドイツのインダストリー4.0と米国IICで共同して行う合意が成立）。こうした背景のもと、グローバルサプライチェーンにおいて、複数の国と企業の工場をまたがるモノづくりを実現するプラットフォームが必要となった（**図3-2**）。

PCなど従来のコンピュータにおいて、プラットフォームとはソフトウェアが動作するための土台（基盤）として機能する基本ソフトウェア（OS）を意味する。

一方、産業用IoTプラットフォームが目指すイメージに近いのは、AppleのiPhoneやiPadのOS（iOS）である。携帯電話とコンピュータが融合した新しい製品であるスマートフォンやタブレットを生み出したAppleのビジネス戦略を担うのは、携帯電話の通信機能を生かしてネットワーク化された情報通信端末である。従来の携帯電話と違い、通話機能よりもデータ通信に重点が置かれたスマートフォンやタブレットは、PCのようにアプリケーションを用いた柔軟な機能追加が可能で、ネットワーク上であらゆるデジタルコンテンツを利用できる新しい市場が生まれた。

2007年にAppleのイベントMacworld EXPOで発表されたスマートフォンは、「iPhone 3G」として2008年7月に北米や欧州、オーストラリア、日本など22地域で発売された。それから10年余でフィーチャーフォン市場は

63

- 過去2年、二国間IoT連携が急速に進展（**独中、独米、独仏、独日（＋印、チェコ（欧州）**など）
- ドイツがこの流れを牽引。二国間に加え多国間の場も活用（**EU、G7、G20、ダボス**など）

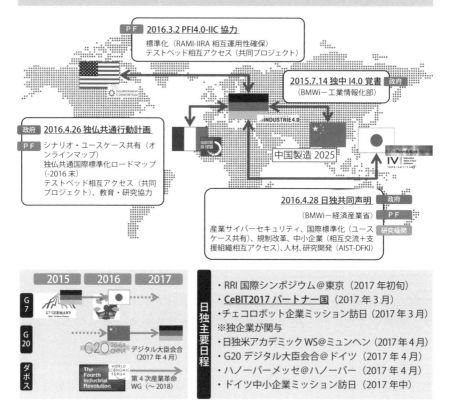

図3-2　第4次産業革命におけるドイツを中心とした国際協力関係

出典：経済産業省 製造産業局 参事官 徳増伸二氏 講演資料（2016年10月13日IVI公開シンポジウム基調講演）より

激変し、スマートフォンが市場の半分以上を占めることとなった。フィーチャーフォンで強みを持っていた日本企業はスマートフォンにディスラプト（市場破壊）され、携帯電話市場におけるシェアを米国Apple、韓国Samsung（サムソン）、中国Huawei（ファーウェイ）などに奪われることとなった。皮肉なことに、これらスマートフォンの主要部品は日本製であり、ス

第❸章 「プラットフォーム・エコシステム」のビジネスモデル

マートフォンを生産するための工作機械やロボットは日本企業が大きなシェアを占めている。

　AppleはiPhoneやiPadという情報端末（ハードウェア）とそのOSのデザイン・技術などを対象としたオープン＆クローズ戦略により、市場をコントロールすることに成功した。スマートフォンやタブレットの魅力は、豊富なアプリケーションが自由に利用できることにある。アプリケーション開発に関連する情報が簡単に入手でき、独自アプリケーションの開発が容易に行えることも魅力である。

　Appleはプラットフォーマーとして、ハードウェアの開発やOSの開発、デベロッパー向けの開発環境（Xcode）の提供、この上で開発されたアプリケーションを取引するための仕組み（App Store）とその課金モデル、そしてプラットフォームに参画する通信キャリア、ソフトウェア開発者、コンテンツ提供者などのパートナーとの契約モデルをつくった。このビジネスモデルが有効であることは、20年前に倒産寸前だったAppleが株式時価総額1兆ドル（約100兆円）を世界で初めて突破した企業となったことからも明らかである。わずか10年で、デジタルによる破壊と創造が現実となった。このビジネスモデル成功のキーワードは、iPhoneやiPadというモノではなく、通信データやアプリケーションというコト（サービス）にある。これを産業用途向けに展開するシステム基盤が産業用IoTプラットフォームである。

　モノづくりを支えるためのIoTプラットフォームに求められるのは、モノに関するデータとモノを利用して得られるコトを生み出すための、データの幅広い収集・蓄積である。IoTプラットフォームは、前述したSiemensのMindSphere、後述するArmのPelion（ペリオン）、コマツのLADLOGなど多数存在する。最近では、乱立していたIoTプラットフォームそれぞれの強みや特徴を生かしたプラットフォーム間での相互連携が進んでいる。プラットフォームが役割分担をすることで、当該プラットフォームの市場が拡大し、プラットフォームが生き残るチャンスも増えると考えられる。

製造業向けIoTプラットフォームの役割とその効果

　製造業におけるIoTプラットフォームの役割とは何であろうか。

　中小規模のサプライヤーが、自社の製品である素材や部品に関するデータを収集・蓄積・活用するシステム基盤として、IoTプラットフォームを利用するケースを考えてみたい。IoTプラットフォーム上の独自アプリケーションを用いて、自社の素材や部品（たとえば、駆動系部品や摩耗する部品など）が組み込まれた製品の稼働状況や自社提供部品に影響する挙動などのデータを定期的に収集し、アフターサービスやトラブル対応に活用するようなケースを考えてみる。

　こうした部品は、一定の耐用時間や駆動回数などによって定期的なメンテナンスや交換が必要となる。故障やトラブルによる停止は利便性を損なうため、定期保守や予知保全によってゼロダウンタイム（想定外の停止時間ゼロ）を実現することが望ましい。稼働履歴に記録された稼働時間やセンサーから取得された挙動データ、環境データなどを収集・蓄積・活用し、AIや統計解析によって故障予知を可能にすることで、サプライヤーは自社製品に起因するトラブルを回避できるようになり、正確で詳細なデータを取得することで、より良い製品やサービスの提供が可能となる。

　このような自社製品（モノ）に関するサービス（コト）の提供は、その製品のシェア拡大のチャンスを広げるだろう。このように、今後は多くのサプライヤーが自社の素材や部品（モノ）が組み込まれた最終製品に対する、アフターサービスやメンテナンス・サービス（コト）の提供に取り組むことが予想される（図3-3）。

　IoTプラットフォームに求められる機能は大きく4つある。

　1つめは、自社の部品の稼働状況やこれに関連する「データ収集・蓄積」で、これが容易かつ安価に実現できることである。2つめが「データの解析・サービス化」で、最も重要な機能である。自社製品からのデータ活用だ

第**❸**章 「プラットフォーム・エコシステム」のビジネスモデル

【IoTプラットフォームの4つの機能】

■データの収集・蓄積

　コマツ（LANDLOG）や三菱電機（e-F@ctory）などが、独自のIoT
プラットフォームを開発したのは、既存の産業用IoTプラットフォーム
に自社のニーズを満たすものが存在しなかったことと、膨大なIoTデー
タの収集と蓄積に対応するためであった。

■データの解析・サービス化

　収集したデータを用い、サービス化（コト化）を進める上で最も重要
な機能である。自社製品からのデータだけではなく、他社製品からの
データも集めて解析し、自社の強みを生かしたサービス化（アプリケー
ション提供）が可能となる。ネットワークにつながる1つひとつの設備
や、機器をセキュアに管理できる。

■ソフトウェア開発環境・アプリケーションストア

　この成功事例としてはiPhoneのApp Storeがあり、製品が売れなく
てもサービスが売上を補完するビジネスモデルの実現を支えている。
IoTプラットフォームは、サービスを提供するソフトウェアの開発環境
であるとともに、アプリケーションを提供するアプリケーションストア
でもある。多種多様なアプリケーションを揃えることで、IoTプラット
フォームの価値が高まる。パートナー・プログラムやアライアンス戦略
がないIoTプラットフォームは、その成功の見込みも低いと考える。

■他のIoTプラットフォーム連携によるデータ相互利用

　さまざまな異なったシステムやデータを連携させる「つながる化」を
実現する手法として、「管理シェル（Administration Shell）」という仕
組みを、ドイツのインダストリー4.0（プラットフォーム・インダスト
リー4.0）が考案している。インダストリー4.0における管理シェルは
「アセットをインダストリー4.0の世界につなぐインタフェース」を意
味する。アセットは「ある組織にとって価値のあるもの」と定義されて
おり、設備や機械などのモノだけでなく、生産システムや生産計画、注
文書など非物質的なものも含まれる。標準化された通信インタフェース
で、アセット同士が通信できるようにするものが管理シェルだとされて
いる。

※ロボット革命イニシアティブ協議会（RRI）より、これを解説する調査報告書が公開されている
（https://www.jmfrri.gr.jp/content/files/Open/2018/20180920_AdShell/Report_
AdministrationShell.pdf）

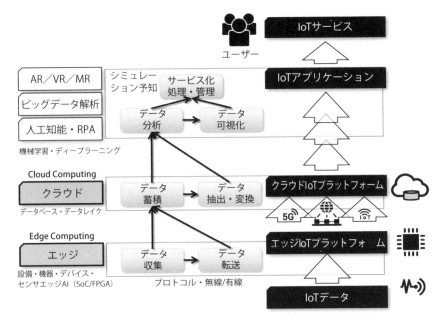

図3-3　IoTデータを収集してIoTアプリケーションからIoTサービスを提供

けでなく、他社製品からのデータも併せて収集して解析・活用することで、自社の強みを生かしたサービス化（アプリケーション提供）が可能となる。さらに、ネットワークにつながる1つひとつの設備や機器をセキュアに管理できることも重要となる。

　3つめは、自社の強みを生かしたサービスを実現するソフトウェア開発環境と、そのアプリケーションを展開するアプリケーションストア（iPhoneのApp Storeのような仕組み）を持つことである。4つめは、他のIoTプラットフォームとの連携によるデータの相互利用が可能なことである。これまでは他社製品に対応するサービス提供は考えられなかったが、「コトづくり」においては競合の製品や異業種の製品であったとしても、データを相互利用することでサービス価値は拡大する。より幅広いデータが利用可能となることで利便性が向上し、自社の製品・サービスが生き残るチャンスが増える。

第❸章 「プラットフォーム・エコシステム」のビジネスモデル

　IoTプラットフォームを選定する際には、できるだけエコシステムの参加者が多いIoTプラットフォームを選ぶことが望ましい。エコシステムの参加者が多いIoTプラットフォームとは、すべての仕組みを自前で揃える「囲い込みモデル」ではなく、多くのパートナーや数多くのIoTアプリケーションを持つプラットフォームである。囲い込みモデルのIoTプラットフォームでは、利用できるIoTアプリケーションが少ないため、必要なサービスがない場合は自前で独自開発するしかない。プラットフォーム活用の目的はエコシステムを自らつくるか、そこに参加することで幅広いIoTデータとIoTアプリケーションを活用できるメリットを得ることにある。

　また、IoTプラットフォームの機能は日々進化している。プラットフォーム間連携なども進み、データ連携や相互利用が可能となってきている。

 IoTプラットフォーム動向とプラットフォーマーのタイプ比較

　プラットフォーマーには、大きく分けて2つのタイプが存在する。
　1つめは、大企業がサプライヤー企業をコントロールするピラミッド型組織である。市場に圧倒的な強みを持つ技術や資源などを利用して、その傘下にサプライヤー企業を置いて中央集権的にサプライチェーンをコントロールする。
　2つめは、同じ目的を目指す複数企業や組織が互いに協力するネットワーク型組織である。それぞれ得意とする領域を受け持ち、民主的に自律分散協調型で発展していくモデルである。その特徴は、組織への参加がオープンであり、その運営も民主的で柔軟性が高いところにある（表3-1）。
　たとえばMicrosoftのWindowsは、OSとしてPCからサーバに至るまで幅広いシェアを持つ。これに対してOSSのLinuxは、OSとして誰でも無償で利用することができる。OSSとは、利用者の目的を問わずソースコードの自由な使用、調査、再利用、修正、拡張、再配布が可能なソフトウェアのこと

69

表3-1　プラットフォーマーのタイプ比較、ピラミッド型組織とネットワーク型組織

組織形態	ピラミッド型組織	ネットワーク型組織
マネジメントスタイル	中央集権型	自律分散協調型
組織への参加	強制的	自発的
運営スタイル	権威的	民主的
メンバー（パートナー）	固定的（硬直）	流動的（柔軟）
意思決定	リーダー専権による	コンセンサスによる
リーダーのポジション	独裁制	合議制

で、ソースコードを自己の目的に合わせて活用することが許されている。OSSの世界では、コミュニティがソフトウェアのサポートを行い、そのレベルは企業が提供しているものと変わらない。一方、トラブルや不具合が生じた場合には自己リスクで対処しなければならない面もある。

　ピラミッド型組織の例としては、AppleのiPhoneやiPadが挙げられる。モノのデザインやここに組み込まれるOSは、Appleが仕様をすべて決めて製品化している。ハードウェアの構成を見ると、設計やCPUなど一部を除いて素材や部品、組立作業はすべて社外の企業にアウトソーシングしている。またソフトウェアの構成を見ると、OSとオンラインストレージ（iCloud）、基本アプリケーション（設定、App Store、カメラなど）を除く100万種類以上のアプリケーションはパートナーが開発提供している。

第**❸**章 「プラットフォーム・エコシステム」のビジネスモデル

　Appleはハードウェアとソフトウェアのコントロールを最小限で行う仕組みをつくり、最大の市場を獲得するエコシステムを構築した。製造業でありながら、自社工場を持たないことで所有リスクやデメリットを避け、ハードウェアとソフトウェアのコア（設計仕様やCPU、OSやオンラインストレージなど）を軸とした強固なビジネスモデルを確立した。このビジネスモデルの特徴は、ハードウェア製品とソフトウェア製品（サービス）が互いに補完関係を持ち、安定した成長と高い収益率を実現できるところにある。

　このビジネスモデルで、Appleは3つのコントロールポイントを握っている。1つめは、iPhoneやiPadの設計と生産の仕様で、この製品のOEM（Original Equipment Manufacturer：相手先（委託者）ブランド名製造）やライセンス生産を一切認めていないことである。ハードウェアはApple製以外存在しない。

　2つめはOSの仕様とソースコードで、これは原則開示されない。パートナーや開発者はデベロッパー・プログラムに従い、アプリケーションを開発・提供することのみが許されている。契約はすべてAppleが決めており、アプリケーションの提供・販売をApp Store経由で行うための許諾はAppleがコントロールする。

　3つめは課金決済の仕様で、ハードウェアの販売、アプリケーションの販売、コンテンツの販売などすべての決済情報をAppleが握っている。モノ（ハードウェア）、コト（サービス：アプリケーション、コンテンツ）、カネ（すべての課金情報）をコントロールしているのがAppleのエコシステムである。

　ピラミッド型組織とは異なる構造を持つのが、ネットワーク型組織である。ネットワーク型組織の構築を進めているのが、自動車部品と産業機器大手のドイツBoschである。Appleがコンシューマー向けのスマートフォンやタブレットなどの完成品メーカー（B2C）であるのに対し、Boschは企業向けの部品や生産設備や工場を構成するシステムなどを開発・提供するサプライヤーメーカー（B2B）である。ドイツには、Mercedes-BenzやBMW、Volkswagenなどの大手自動車メーカーが存在するが、Boschはそのすべて

71

に部品を提供している。

　欧州では、2003年にAUTOSAR（オートザー：AUTomotive Open System ARchitecture）という自動車業界のグローバル開発パートナーシップが発足された。AUTOSARは、自動車業界共通の標準アーキテクチャーを開発・確立することを目的として発足され、BMW、Bosch、Continental、Daimler Chrysler（現在はDaimler）、Siemensの自動車電子部品部門VDO（Siemens VDO、現在はContinentalが買収）、Volkswagenがコア・パートナーとして参画した。後にPSA、トヨタ自動車、Ford、GM（General Motors）などがこれに加わった。こうした取り組みにより、Volkswagenにおける部品の共通化率は7割を超えたといわれている。その中心となっているのが、BoschやContinentalなどの部品メーカー（メガサプライヤー）の存在である。

　ドイツの自動車産業が中国市場に強い影響力を持ち、さらに中国自動車産業がアジアや中東、アフリカ市場など発展途上国へ進出していることから、Boschのアプローチは、異なる国や市場のすべてにアクセス可能なネットワーク型組織のものであると考えられる。Boschの狙いは3つのコントロールポイントを握ることであり、その1つめは、欧州以外のすべての車両メーカーへ部品（モノ）を供給すること。2つめは、車載の基本ソフトウェア（コト：アプリケーション）を車両メーカーへ提供すること。そして3つめは、これに関するデータを収集して設計へのフィードバックや、そのデータを利用した新しいビジネスを生み出すことである。

　ネットワーク型組織のエコシステムを実現している国内プラットフォーマーとしては、第2章で紹介したLANDLOGが挙げられる。LANDLOGでは1つの企業がピラミッド型組織でコントロールするのではなく、複数の企業がコンソーシアムを組んでIoTプラットフォームを盛り上げている。この特徴は、競合する企業であっても目指す目的が同じで、考え方に賛同すれば一緒に参画できるオープンな組織構造になっていることにある。

　これまで日本の自動車産業は、完成車メーカーが主導する閉鎖的（クローズ）なピラミッド型組織であり、利用者を囲い込むものであった。しかし、

第**3**章 「プラットフォーム・エコシステム」のビジネスモデル

今後求められるのは、複数企業が協力するオープンなエコシステムである。ネットワーク型組織の強みは、他のグループや異業種との連携が可能で、異なる強みの融合により生き残るチャンスが増えることにある。規模が大きくなることで、市場において優位性を獲得することができる。

　生物界においても、単一の植物や生物のみの生態系は環境変化に弱いが、多様な植物や生物が生存する生態系は変化に強く、生存確率が高い。製造業が目指すべき新しいモノづくりに求められているのは、複数企業がパートナーを組んで各企業が役割分担し、幅広いニーズに対応できるプラットフォーム・エコシステムである。

⑤ IoT導入によりプラットフォーム・エコシステムの参加者が実現すべきサービス

　IoTプラットフォームを上手に利用するポイントは3つある。モニタリング（監視）、メンテナンス（保守）、コントロール（制御）である（**図3-4**）。こうした機能は、収集したデータを活用するためのアプリケーションサービスとして提供される。採用するIoTプラットフォームによって利用できるアプリケーションの種類やバリエーションは異なる。先行する欧米のIoTプラットフォームには、数多くのアプリケーションが揃っている。LANDLOGをはじめとする国内エコシステムもアプリケーションの拡充を進めている。

　こうしたいずれのIoTプラットフォームにも必ず存在するのが、設備や機器など製品（モノ）の稼働状況のモニタリング（監視）機能、見える化機能である。

73

○モニタリング（監視）：デバイスからデータを収集保管 →データ解析して見える化
IoTの基本機能。センサーからのデータを自動収集
膨大なデータを解析して必要なデータのみ可視化
データを「見える化」してネットワークで共有
解析手段、解析技術、解析結果が価値となる

○メンテナンス（保守）：デバイス稼働の効率化・最適化 →定期保守・予知保全に活用
収集解析したデータを活用してデバイスの稼働や保守を効率化・最適化する
設備機器の能動保守を実現。予防保全・予知保全
エネルギーや消耗品の消費を抑えて価値を出す

○コントロール（制御）：デバイスをリアルタイムに制御 →遠隔制御・精密制御を実現
遠隔地よりリアルタイムでデバイスを動かす
監視データを即時処理して制御指示を出す
デバイスの精密制御・遠隔制御・自動制御
モノとコトの一体化（CPS：サイバーフィジカルシステム）が価値を生む

モニタリング（監視）メンテナンス（保守）コントロール（制御）3つのレベルで戦略を立てる
効率化と差別化にIoTを活用する
デジタル化・IoT・AIなどを利用した"モノ+コト"の新しいビジネスモデルを考える

図3-4　IoT活用の3つのポイント

IoTプラットフォームのエコシステムに参加するパートナー

　IoTプラットフォームのエコシステムに参加するパートナーには、大きく4つのタイプが存在する。
　◆タイプ1：テクノロジーパートナー
　IoTプラットフォームをリードする企業を、技術面で支えるパートナー。クラウドやAIなど新しいテクノロジーを担う役割を持つ（クラウド：AWS（Amazon Web Services）やMicrosoft-Azureなど、AI：Pre-

第❸章　「プラットフォーム・エコシステム」のビジネスモデル

ferred Networks や IBM Watson など)。

◆タイプ2：アプリケーションパートナー

　IoT プラットフォーム上で稼働するアプリケーションを開発するパートナー。パートナーによっては、複数の IoT プラットフォームにまたがってアプリケーションを提供し、多様なニーズに対応する役割を担う（ウイングアーク1st の MotionBoard、電通国際情報サービス（ISID）の PHM（Prognostics and Health Management：故障予測と健康状態の管理）など)。

◆タイプ3：リセラーパートナー

　プラットフォームの利用者が求める IoT プラットフォームやアプリケーションを見極めて、最適なサービスを販売する役割を担う。

◆タイプ4：サービスパートナー

　ニーズに合わせて導入や保守などサービスを提供する役割を担う。業務システムにおけるシステムインテグレーターのような役割を担う。

　これに加え、今後は導入後の利用者のニーズや利用状況の変化に応じて、使い方などをアドバイスするようなサービスへの要求が高まると予測される。こうした利用度を向上するためのサポーター的な役割をするガイド役がその役割を担う。これは利用者の経験価値向上のための取り組みであり、パートナー企業出身の経験者（OB）がフリーランスやコンサルタントとなって企業やベンダーを支援するケースが多い。最近のクラウドビジネスなどで、こうした役割を担う個人やベンチャー企業などが増えている。

　IoT プラットフォームの良し悪しは、パートナー企業の数とアプリケーションの多様性で判断できる。利用者が多いほど選択肢は広がることになる。また、プラットフォーム・エコシステムの参加者が増えれば入手できるサービスも拡大するため、さらに利便性が高くなる。また他社の事例を参考に、自社の強みを生かした新しいサービスをつくることも可能となる。これは、スマートフォンやクラウドのビジネスモデルと同様である。

75

プラットフォーム・エコシステムにおける戦略の本質

　第4次産業革命によって、製造業を取り巻く環境が大きく変革している。デジタル化は、長年築き上げてきた競争優位性のある技術などの模倣を可能とした。少量生産や個別受注生産においても、大量生産と変わらない安い価格と短い納期が実現可能となった。

　こうした新しいモノづくり技術を支えるシステム基盤を、広義にIoTプラットフォームと呼ぶようになっている。熟練技術者が長年かけて蓄積してきたノウハウは、膨大なデータやAIによって誰でも入手できるようになりつつある。最新の工作機械やロボットを導入すれば、工場や物流の自動化が実現され、ラインにヒトを置かずにモノづくりが可能となる。製品に組み込まれたICチップを追跡すれば、稼働状況を把握してトラブル発生や故障にも遠隔操作で対処できるようになる。

　このような取り組みは、建設機械や工作機械、エレベーターなどですでに実現しつつある。そしてサービスのもとになっているのは、膨大なデータである。

　今後の製造業ではデータを制するものが勝者となる。データを利用したサービス（コト）の提供が重視され、IoTプラットフォームはそのデータを扱うシステム基盤として重要な役割を担うこととなる。多くの企業がその取り組みに参入しようとしているが、単独の企業が顧客視点のすべてのニーズに対応することは難しい。

　プラットフォーマーは、パートナー拡充とオープン＆クローズ戦略で自らのプラットフォーム・エコシステムを速やかに築こうとしている。プラットフォームの導入活用を検討しようとする際には、こうした状況を理解した上で賢明な選択をしなければならない。

第 4 章

ビジネスモデルの分類と事例の位置づけ

Connected Industriesは、第4次産業革命による技術の革新を踏まえ、さまざまなつながりによって新たな付加価値の創出や社会課題の解決を目指す、産業のあり方のコンセプトとして提唱された。技術の革新とは、さまざまな産業機械や民生機器がつながるIoTや、AIの技術革新と普及、5GやLPWAなどのモバイル通信の進化などであり、これらが組み合わさり産業のデジタル化を促進している。

　本章では産業のデジタル化の進展に向けた動向を整理し、各種の取り組みや事例がどのような位置づけにあるのかを整理する。

「製造業」を超えるデータ連携

　インダストリー4.0はドイツが中心となり進めている製造業のビジネス革新であることはよく知られているが、製造業「以外」の各種産業においてもデジタル連携の動きがある。ドイツのフラウンホーファー研究機構が中心と

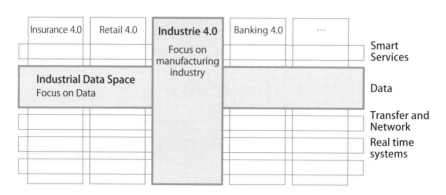

※インダストリー4.0は製造業、バンキング4.0は銀行業など、産業界ごとにDXの取り組みが行われており、これらで活用される技術要素はスマートサービス、データ、データ転送、ネットワーク、リアルタイムシステムなど多岐にわたる。Industrial Data Space（IDS）は業種横断でのデータ利活用にフォーカスしている

図4-1　インダストリー4.0とIndustrial Data Space（IDS）の関係
出典：Fraunhofer INDUSTRIAL DATA SPACE White Paperをもとに著者作成

第❹章　ビジネスモデルの分類と事例の位置づけ

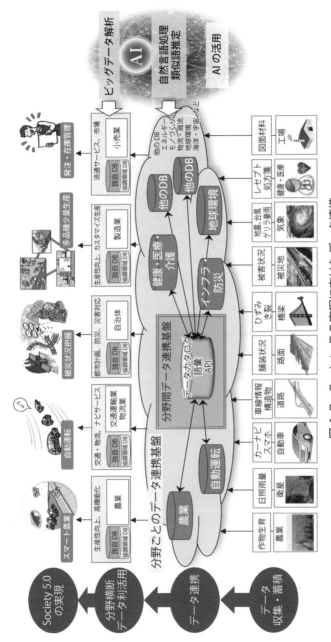

図4-2　Society 5.0実現に向けたデータ連携

出典：内閣府　第2回「スーパーシティ」構想の実現に向けた有識者懇談会資料

なり立ち上げている、Industrial Data Space（IDS）もその1つであり、すでにリファレンス・アーキテクチャーやホワイトペーパーを公表している（図4-1）。

インダストリー4.0は製造業を中心とした取り組みであるが、IDSは産業横断でデータを安全にやりとりする場を提供し、新たな付加価値の創出を目指す取り組みである。あらゆる産業においてデジタル化が進展する中で、製造業の生産現場や工業製品がネットワークで接続しサービス提供基盤になるというだけでなく、さまざまな産業間やサプライチェーンを通じて生み出されるデータと連携することで、より高度な活用を企図したものである。データが連携できるようになれば、金融、保険、小売などの産業の枠を越えて連携したスマートサービスの提供が可能となり、特定の産業に閉じたDXという視点を超えたプラットフォーム・エコシステムの構築が可能となる。

Society 5.0においては、スマートシティの視点からデータ連携の検討が進められ、自動運転やスマート農業、防災などでの分野を横断したデータ利活用に加え、製造業での利活用も対象となっている（図4-2）。

2 デジタル化のステージ

このように、産業を超えたスマートサービス連携が構想されていることを踏まえた上で、デジタル化の進展について2つの軸で整理をする。1つめの軸は「自社サービスの高度化」を図るためのデジタル化のステップであり、
　○第1ステップ：IoT化（見える化）
　○第2ステップ：データ収集・蓄積・分析
　○第3ステップ：ソリューションの提供、サービス化
の3ステップから成る。

2つめの軸は「デジタル化の連携範囲」のステージ分けであり、
　○第1ステージ：自社サービスの高度化・効率化
　○第2ステージ：プラットフォーム化による業界課題の解決

第❹章　ビジネスモデルの分類と事例の位置づけ

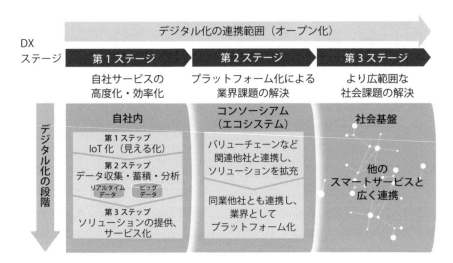

図4-3　DXステージ

○第3ステージ：他のスマートサービスとの連携による社会課題の解決
の3ステージから成る（**図4-3**）。

　第2章で紹介したコマツをこのDXステージに照らしてみると、建設機械稼働管理システムのKOMTRAX、鉱山機械管理システムのKOMTRAX Plus（KOMTRAXを鉱山向け大型機械に適用したもの）などによる自社製品データの収集と、データに基づく製品・サービスの高度化・効率化は、第1ステージにあたる。建設作業を自動化するSMART CONSTRUCTIONやLANDLOGによる建設・土木現場の最適化は第2ステージにあたる。第3ステージへの発展はこれからであるが、より広範囲な社会課題解決に向けた建設機械の公道での自動運転やスマートシティとの連携が考えられる（**図4-4**）。

　また、スマート・ネーション（スマート国家）化を進めるシンガポールでは、デジタル技術を活用して住みやすい社会をつくるという理想を掲げ、国土に関する各種情報のデジタル化を推進する「Virtual Singapore（バーチャル・シンガポール）」プロジェクトが進んでいる。この取り組みは、文字通りシンガポールの国全体をバーチャル空間に再現しようというものであり、

81

第1ステージ	第2ステージ	第3ステージ
建設機械IoT化 KOMTRAX KOMTRAX Plus	建設・土木現場の デジタル化 SMART CONSTRUCTION	スマートシティ連携 街のデジタル化 生活空間のデジタル化

図4-4　コマツのDXステージ

国を丸ごとCPS化する試みである。Virtual Singaporeでは、ビル・マンションなどの建物や道路などを国ごと3D（3次元）モデル化した上で、さまざまなデータを連携させている。たとえば、マンションであれば建物の大きさ、建設材料、住人の数、エネルギー消費量などの情報を3Dモデルと組み合わせて確認することができる。またSMART CONSTRUCTIONがこれらのスマートシティのサービスと連携すれば、都市計画全体の中で土木・建設工事のシミュレーションや最適化が可能となる。

③ インターネットの普及にも10年以上

　インターネットは、それが登場する以前のビジネススタイル、ライフスタイルを思い出すのが難しいくらいに社会基盤として定着しているが、今から四半世紀前の20世紀終盤、1990年代から普及しはじめたものである。今や巨大ITプラットフォーマーであるAmazon（1994年創業）やGoogle（1998年創業）もこの頃に誕生した。インターネットが普及しはじめた頃、ビジネスにおけるインターネットの利用はWWW（World Wide Web：ワールド・ワイド・ウェブ）と電子メールが中心で、取引先のホームページを閲覧したり、電話やFAXを補助するツールとして電子メールが使われたりというレベルであった。1人1台のPC環境が一般化するまで電子メールはグループ宛

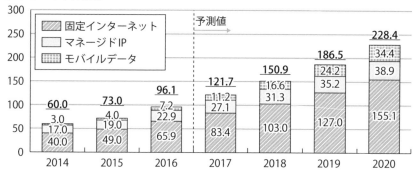

図4-5　世界のトラヒックの推移および予測（セグメント別）
出典：平成30年版　情報通信白書

てという企業も多く、ワークスタイルの変革というのには程遠いところからのスタートであった。

　この頃に「インターネットが産業界で活用され、さまざまな変革を生み出す」と唱えていたのはごく一部の先進的な起業家のみで、多くの企業では様子見もしくは懐疑的なとらえ方が一般的であった。情報技術の専門家である大手コンピュータメーカーですら初期のインターネットを「おもちゃ」程度にしかとらえていなかった。

　1995年にMicrosoftがWindows 95を発売し、それまで一部の「パソコンオタク」しか保有していなかった個人利用目的のPCが、オタク以外にも普及しはじめた。インターネット利用が主要な目的である新たなPCユーザーは、さまざまな情報をWebブラウザで検索・閲覧し、EC（Electronic Commerce：電子商取引）サイトでネットショッピングを経験することで「ネットユーザー化」し、インターネットで伝送される情報量は飛躍的に増大していった。21世紀に入り、インターネット接続端末はPCからフィーチャーフォンに拡大し、さらには2007年のiPhone発売、スマートフォンの普及を経て、先進国のみならず新興国を含めた世界中でインターネットにつながるユーザー数は爆発的に増加し、世界人口の半分の約38億人に達した（図4-5）。

　インターネットは、誰でも新たなサービスを開発し提供することが可能な

オープンな環境であり、ここで開発された新たなサービスがさまざまな革新を起こしてきた。初期のWWWと電子メールにはじまり、EC、SNS、メッセンジャー、QRコード決済などコンシューマー向けサービスは世界中で生活に浸透してきている。こうしたサービスは、スマートフォン以降の直近10年以内に登場したものが多い。

ビジネス向けでは、インターネットを介したクラウドコンピューティングの普及がさまざまな革新を生み出している。モバイルネットワークの普及、ビッグデータ関連技術の進展と組み合わせて、さまざまなモノやコトのつながりがもたらすIoTの環境は整いつつある。ただし、これらを活用するサービスは発展途上である。事業者がIoTデバイスの導入やサービスの開発を自

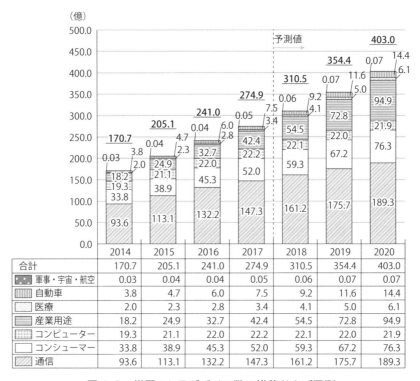

図4-6　世界のIoTデバイス数の推移および予測
出典：平成30年版　情報通信白書

ら行っている段階は単にインターネット技術の活用段階に過ぎず、オープンなインターネットという場に接続している他社のIoT資産をも取り込むようなサービスの出現が変革を起こしていく（図4-6）。

「価値提供の形態」と「場の公開度合い」

　インターネットを基盤としたサービスの進展の流れを踏まえると、現段階の産業領域におけるデジタル化事例の多くは、限られた接続先のデータを自社内もしくは閉鎖的な関係者との間でのみ活用することを試みているにすぎない。一方、自社だけでなく同業他社を含めた連携やバリューチェーンを構成する複数企業の業務全般を効率化する動きなども一部では出てきている。

　製造業のように従来ハードウェアであるモノを開発・販売し、その機能価値提供を行ってきた企業が、運用・保守サービスの高度化や使用量に応じた課金などサービスであるコトをベースとした価値提供の開発を進めているケースも見られる。さらに、その価値提供の範囲を自社に閉じたクローズな場に留めるのか、異なる企業を含めたオープンな場まで広げていくのかにより、デジタル化を前提としたビジネスの広がりは大きく異なる。「価値提供の形態」と「場の公開度合い」の2軸でいくつかのデジタル化のケースを分類してみた（図4-7）。

　コマツのような建設機械であれば、自社製ハードウェアの販売が「モノ×クローズ」に位置づけられ、リモート保守・監視などのIoTを活用したサービスは「コト×クローズ」に位置づけられる。自社のハードウェアを起点するサービスだけなく、測量や土砂運搬などのバリューチェーンの効率化サービスをコンソーシアムなどで提供する動きは「コト×オープン」に位置づけられ、エコシステムを拡大するために、同業他社の機器も接続できるようなモジュール提供まで広がれば「モノ×オープン」に位置づけられることとなる。

　Appleにあてはめてみるとi Phoneやi Padなどの販売は「モノ×クローズ」

85

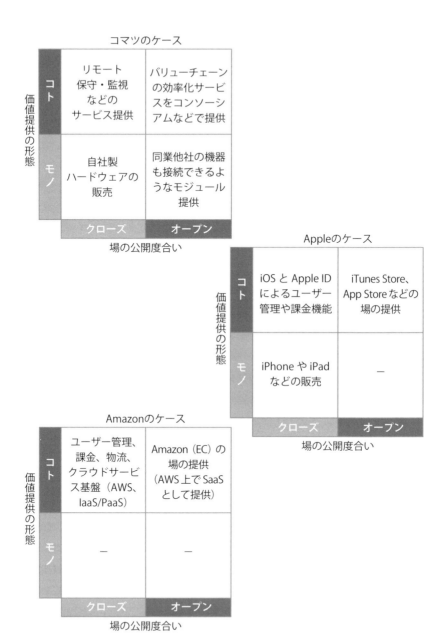

図4-7 価値提供の4象限による分析

に位置づけられ、「コト×クローズ」にはiOSとApple IDによるユーザー管理や課金機能が位置づけられる。その上で、デジタルコンテンツ提供者にiTunes StoreやApp Storeという「コト×オープン」の場を用意し、Appleユーザーを対象にしたビジネスを成立させるエコシステムを構築している。

　Amazonは独自のタブレット端末を販売しているが、「モノ」のビジネスは同社の本質ではない。ユーザー管理、課金、物流、クラウドサービス基盤というデジタルをベースとしたサービスが「コト×クローズ」に位置づけられる。その基盤を活用して運用されているのがAmazonのECサイトであり、さまざまなマーチャント（出展者など）に対してビジネスの場を提供しているのである。

事例の位置づけ

　本書では、製造業を中心としたデジタル化の取り組みにおける最新の事例を、3社の企業が解説している。

　1社目はArmである。同社は1990年に創業された半導体の設計・ライセンス提供を行う英国企業で、2016年にソフトバンク・グループの子会社になり、2018年に「Arm Pelion IoT Platform」を発表しIoTプラットフォーム事業を本格化させてきた。このプラットフォームの活用事例として、パイオニア株式会社の「事故リスク予測プラットフォーム」と株式会社村田製作所のクラウドサービス「NAONA」の2つを取り上げている。どちらもDXステージでは第1ステージから第2ステージに向かう段階であり、価値提供の4象限では「コト×オープン」に取り組んでいる状況である。

　2社目は東芝機械株式会社である。同社は多種の産業用機械を製造・販売し、それらのIoT化による顧客価値拡大を目的にIoTプラットフォーム「machiNet（マシネット）」提供している。このケースもDXステージでは第1ステージから第2ステージに向かう段階であり、「IoT＋mパートナー会」が価値提供の4象限における「コト×オープン」の発展のカギとなっている。

3社目はウイングアーク1st株式会社である。ウイングアーク1stは、複数のプラットフォームにアプリケーションであるMotionBoardを提供するベンダーとして、プラットフォーマー、他のパートナー、顧客の発展を支える役割を担っている。

　各社の用いているプラットフォームという言葉には、「より多くの企業や人々が活用することにより、付加価値を生み出しながら拡大していく基盤」という意味が込められており、今後、それぞれの特定領域においてスマートサービスを担っていくものと考えられる。10年、20年という時間軸の中では、自動運転の普及などのさまざまなスマートサービスが立ち上がってくると想定され、本章の冒頭に述べたIDSのように産業を超えたデータ連携やスマートサービス連携へ発展していくこと（第3ステージへの発展）が期待される。

第 章

モノづくり企業の
DXへの取り組み①

~英国 Arm：デバイスデータからの価値創出、
面倒ごとを引き受けるIoTプラットフォームを提供

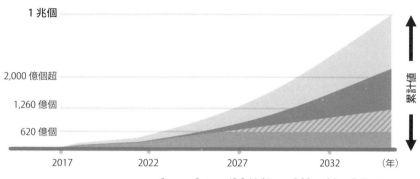

Source: Gartner, IDC, Mckinsey, BCG and Arm Estimates

図5-1　2035年までに累積1兆個のIoTデバイスが世界に導入されるとの予測
提供：Arm

　「2035年までに、1兆個ものコネクテッドデバイスをネットワークで接続する」。これは、ソフトバンクグループ傘下の英国Arm（アーム）が掲げるビジョンである（**図5-1**）。1兆個のIoTデバイスがつながる世界は、企業にどのような機会と課題をもたらすのか。Armはその世界の実現に向けて、何を担おうとしているのか。本章では、「信頼できるデバイスから、信頼できるデータを収集・活用」するための技術基盤をまとめて提供するArmのIoTプラットフォーム事業について、先行事例を交えて紹介する。

 なぜ「データは石油」なのか?

　スマートフォン登場以降、ここ十数年の間に、米国の「GAFA」や「FAANG」（Google、Apple、Facebook、Amazon、Netflixを指し、各社の頭文字を並べたもの）、中国のAlibaba（阿里巴巴）やTencent（騰訊）といった企業が、データを活用することで巨大なビジネスを生み出し、圧倒的な強者の座についた。現代では、データこそが企業に富と成長をもたらす「資源」といえる。

第**5**章　モノづくり企業のDXへの取り組み①

実際に、こんな記録がある。2007年と2017年で世界における時価総額の上位企業を比較すると、2007年はExxon Mobil（1位）やPetro China（中国石油天然気）（5位）、Royal Dutch Shell（7位）などの石油関連企業が並んでいた。ところが、2017年は1位から順にApple、Google（Alphabet）、Microsoft、Amazon、Facebookと続き、9位にTencent、10位はAlibabaという顔ぶれに変わっている。10位以内に残った石油関連企業はExxon Mobil（8位）だけだった。

まさに「データは石油」である。ただ、データが石油になぞらえられる理由は他にもある。そして、それらは「IoTの真価を解き放つ」ためのカギを握る。以下に説明する。

（1）プラットフォームが不可欠

1つめは、プラットフォームが不可欠ということである。石油の場合、海底に眠る大量の原油を掘り起こして採取するには「石油プラットフォーム」を用いる。IoTにおいても、プラットフォームと呼ばれ市場に提供されている技術基盤をうまく利用することが、成功への最短ルートになる。

IoTプラットフォームを利用せず、その構成要素をIoT導入企業が自らすべて自前で開発したり調達したりすることは、理論的には必ずしも不可能ではない。ただ、商用・産業用途の大規模IoT展開において、その選択肢は極めて難易度が高い上に、経済的な合理性も求めにくいのが実情である。

（2）掘っただけでは使えない

データと石油の共通点の2つめは、「処理や加工が必要」なことである。天然資源である石油は、そのままでは利用できない。原油を蒸留して所望の成分を取り出し、さらに処理することで石油製品が得られる。

データも同様である。IoTにおいて末端のモノが生成したデータそれ自体は、原油のようなものだ。したがって、たとえばゲートウェイ装置にエッジコンピューティングによるインテリジェンスを持たせ、軽度のデータ処理をその場で実行し、意味のあるデータだけをネットワーク経由でクラウド上のデータ管理プラットフォームに送る、という工夫が有効である。

91

(3) 異種成分との混合で価値が高まる

　石油を処理・加工して得られた石油製品に、さらに異種の成分を添加・混合すれば、石油化学製品をつくり出すことができる。これによって一層大きな価値が付加され、企業はそれを提供することでビジネス成果を手にする。

　データについても、同じことがいえる。これまで企業が取り組んできたデジタル化の多くは、ヒトのデータ（ヒトのアクションをもとに生成されたデータ）を活用するか、モノのデータ（デバイスが生成したデータ）を活用するかが、明確に分かれていた。ところが最近、両者を結ぶことで新たなビジネス価値を生み出す取り組みが、先進的な企業ではじまっている。

　具体的な事例は本章の後半で紹介するが、ここでは先に、枠組みを簡単に述べる。クラウド上で、モノから受け取ったデータに加えて、Webサイトやモバイルアプリの利用データ、CRM（Customer Relationship Management：顧客関係管理）などの既存のエンタープライズ・データ、サードパーティーから入手するデータを統合する。それを分析してビジネス価値につながる知見を掘り出し、それに基づいて効率改善や売上向上の具体的な活動を実行する。あるいは、まったく新しい事業を創造する。

　データが秘める価値は、それが石油に例えられるように、極めて大きなものである。しかし、やはり石油と同様で、それを掘り起こして市場価値の高い製品やサービスへと昇華させるのは、たやすいことではない。

　そこでArmは、独自の特徴を備えたIoTプラットフォームの提供を通して、さまざまな企業がIoTの真価を解き放ち、次世代のDXを実践できるような環境を整えている。

なぜ半導体IPベンダーがIoTプラットフォームを手掛けるのか？

　Armは半導体設計を祖業とし、現在も主力事業とする企業である。スマートフォンに搭載されるアプリケーションプロセッサのほか、さまざまな機器

に内蔵されるマイコンやグラフィック処理チップ、さらにはサーバやスーパーコンピュータに使われる高性能プロセッサまで幅広い種別の半導体チップを対象に、それらが集積する中核回路を開発し、それをチップメーカーに設計資産（IP：Intellectual Property）として提供する事業を30年近くにわたって手掛けてきた。そのArmが今なぜ、IoTプラットフォーム事業に取り組んでいるのだろうか。

　本章の冒頭で述べたように、Armは2030年代には1兆個のIoTデバイスが配備されると予測している。現在、世界には30億を超える数のスマートフォン、2億台のPC、8億4000万個のコネクテッドデバイスが存在しているとされるが、「1兆個」はこれらの合算より2ケタも大きな数字である。実現には1兆個のチップが必要であり、その取り組みはArmの半導体IP事業部門がチップメーカーをはじめとするエコシステム・パートナーと協調し、推進していく。しかし、それだけでは十分ではない。IoTの真価はデータ活用にあるからである。

　「IoTの経済効果に大きな期待がかかっている。それを"可能性"から"実績"に変えるようなIoTをつくり出す。それが、コンピューティングやコネクティビティの専門家としての当社の挑戦である」とArmのIoTサービスグループ　プレジデントのディペッシュ・パテルは2018年に日本で講演した際に語った。IoTの経済効果は、物理世界のさまざまな事象を「デジタルの写像」として複製するために、大量のデータを生成・取得するとともに、デジタル世界のデータと組み合わせて活用することで生み出される。しかし、その実現にはたくさんの障壁が立ちはだかり、それらを取り除く取り組みが今、産業界全体に求められている。そこでArmは、IoTにおいてデバイスの実現にとどまらず、データ活用までのエンド・ツー・エンドにわたってテクノロジー面の障壁を除去すべく、IoTサービス事業部門を新たに立ち上げた。

　時系列を追うと以下のようになる。まず、2013年に組成した「IoTビジネスユニット」でIoTデバイスに向けたオープンソースの組み込みOSおよび開発環境「Mbed」の提供を開始した。その後、クラウド型IoTデバイス管理サービス「Mbed Cloud」を市場投入し、事業部門の呼称を「IoTサービ

IoT は複雑
「大規模に導入・展開するには、多くの異なる技術やパートナーが必要なため難しい」

多くのデータ
「多種多様かつ大量のデータを高速に処理し、活用につなげるまでの障壁が高い。さらに、元になるデータの信頼を確保しておく必要もある」

セキュリティ
「データソースとなるデバイスを効率的かつセキュアに実地配備し、ネットワークに接続してライフサイクルを通じて管理する仕組みが必要である」

データの管理
「自社でインフラを、そして何よりもデータを管理できること。それが必須事項だ」

データのコンテキスト
「データは大量にある。そうしたデータを単に統合するだけでなく、適切なコンテキストとインサイトを付加することが必要である」

データの可視化
「現場で起きていることをリアルタイムに可視化できれば、当社のビジネスは一夜で変わるだろう」

図5-2　IoTの商用・大規模導入で企業が直面する"複雑性"

提供：Arm

スグループ」に改めた。しかし、IoTに取り組むさまざまな企業と会話する中でArmに届いた市場の声に応えるには、これだけでは足りなかった（**図5-2**）。

　こうした背景からArmはさらに、2018年にIoTコネクティビティ管理サービスを提供する英国Stream Technologiesと、エンタープライズ・データ管理技術ベンダーの米国Treasure Dataを買収した。そして3社のプロダクトをまとめ、新たにIoTプラットフォームとして「Pelion（ペリオン）」の提供を開始した。

　このように提供物を拡大することでArmが狙うのは、先に述べた通り、デバイスからデータ活用までのエンド・ツー・エンドでテクノロジー面の障壁を取り除くことである。具体的にはどのような障壁が妨げになっているのだろうか。一言でいえば、IoTを商用レベルかつ大規模に導入する際に避けて通れない、IoTならではの"複雑性"である（**図5-3**）。

　IoTの全体像を大きく4つ、①デバイスを開発し、②何らかの通信手段（コネクティビティ）でクラウドに接続して、③デバイスを運用・管理しな

図5-3 IoTの進展を阻む技術課題

提供：Arm

がらデータをクラウドに吸い上げ、④異種データと統合して活用する、というように分けてみると、それぞれに次のような課題が存在する。

①デバイスの開発

　IoTでは、ゲートウェイのような比較的ハイエンドの装置から、簡素なセンサー端末まで、プロセッサ性能やメモリ容量、コストなどの制約条件が大きく異なる多様なデバイスを扱う必要がある。さらに、IoTのセキュリティに配慮した設計も求められる

②デバイスのコネクティビティ

　Wi-FiやBluetooth、LoRa、セルラー、NB-IoT（Narrow Band IoT）などさまざまな通信規格が存在し、用途によって最適解が異なる。実地配備時にデバイスとネットワークそれぞれのプロビジョニングが必要となる。複数の国・地域にまたがるアプリケーションでは、地域ごとに異なるモバイル通信事業者と契約を結んだり、全地域に散らばるSIMを統合管理したりすることが求められる

③デバイスの管理

　実地配備されたデバイスを、そのライフサイクルにわたって、クラウド側からネットワーク越しに管理する必要がある。ただしそのクラウド環境は、パブリッククラウドのみならず、オンプレミスや両者のハイブリッド

もあり得る

④データの活用

　デバイスから取得したデータのみならず、各種のエンタープライズ・データや、サードパーティー・データと組み合わせる必要がある。さらに、データから得られたインサイトに基づいて、具体的なアクションが取れるようにする仕組みも不可欠である

　もう1つ、①②③④のすべてに関わる重要な要素がセキュリティである。デバイス、コネクティビティ、データ、これらすべてのパーツについて、ライフサイクルにわたってセキュリティを確保しなければならない。IoTでは「サイバー空間」と「現実世界」という2つの世界がつながり、セキュリティの脅威も両方の世界にまたがって存在する。これまで、ITの世界で蓄積してきたノウハウや技術だけでは対応しきれない。また、データ活用でビジネス価値を創出するには、"信頼できるデータ"が必要であり、信頼できるデータは不正なデバイスからは得られないのは自明である。

❸ ArmのIoTプラットフォームの特徴と構成

　IoTに取り組む企業が、自力でさまざまな障壁を取り除くのは容易ではない。その面倒ごとをまとめて引き受け、企業がIoTの真価をより短い期間で手にできるように支援するのがArm Pelion IoT Platformである（**図5-4**）。本セクションでは、その全体像と特徴を紹介した後、プラットフォームを構成するサービス群と付帯的な要素について、それぞれ説明していく。

　まずPelionの全体像を説明する。Pelionは以下の3つのサービスで構成されている。

①コネクティビティ管理（Pelion Connectivity Management）：買収した英国Streamのプロダクトを継承
②デバイス管理（Pelion Device Management）：Arm従来のプロダクト

第❺章　モノづくり企業のDXへの取り組み①

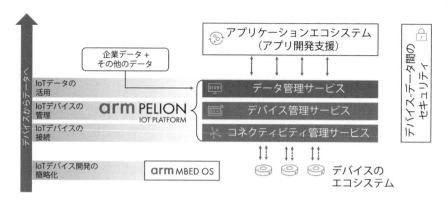

図5-4　IoTプラットフォーム「Pelion」と付帯要素を含む全体像
提供：Arm

　Mbed Cloudの呼称を変更
　③データ管理（Pelion Data Management）：買収した米国Treasure Dataのプロダクトを継承

　これら3つのサービスはいずれも実態としてはクラウド上で稼働するソフトウェアで、利用者は各サービスのポータルサイトに直接アクセスして機能を利用したり、アプリケーションソフトウェアからAPI経由で機能を呼び出したりして利用する。
　これに加え、Pelionと協調して商用グレードの大規模IoT導入を支援する付帯的な要素として、IoTデバイスを実現するための組み込みOSと開発環境をまとめて提供する「Mbed」、IoTデバイスのセキュリティに関する包括的なフレームワーク「Platform Security Architecture（PSA）」、さらに、Mbed対応の半導体チップやモジュール、各種入出力部品（センサーやアクチュエータなど）を提供するベンダーからなるデバイス・エコシステム、Pelion上層のIoTアプリケーション構築を担うシステムインテグレーターからなるアプリケーション・エコシステムがある。

　続いてPelionの特徴を紹介する。石油プラットフォームにさまざまな種類があるのと同様に、IoTプラットフォームも市場に多くの選択肢が存在して

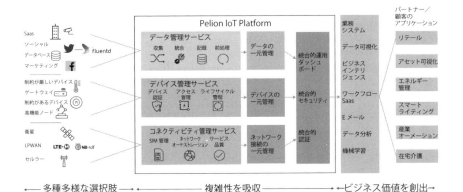

図5-5　Pelionを構成する3つのサービスの提供機能
提供：Arm

いる。その中でArmのPelionが際立っている点は3つある、1つめは、業界ではじめて（2018年8月Arm調べ）デバイスからデータまでを一貫して管理できるエンド・ツー・エンドの機能群を取り揃えたことである。2つめは、それらをArmがIoTプラットフォーム事業と半導体IP事業の両輪で提供する、セキュリティ・フレームワーク上に構築している点。3つめは、IoTの商用導入に際して企業が今直面している大きな課題、先述の"複雑性"に対応できることである。

ArmのPelionは、海底油田の採掘になぞらえられるような大規模かつ商用・工業レベルのIoT展開において、企業が今直面しているさまざまな課題を解決する。半面Pelionは、用途を絞っていないがゆえに、それ単体で高度なIoTアプリケーションを構成できるわけではない。あくまでもプラットフォームであり、その上層にエンド・アプリケーションをつくり込む必要がある。これについてはPelionパートナーエコシステム（後述）を構築しており、そこに参画する専門企業群がプラットフォームの利用企業を支援する。

ここからはPelionの各サービスおよび付帯要素それぞれについて、個別に紹介する。まずはPelionを構成する3つのサービスである（図5-5）。

第❺章 モノづくり企業のDXへの取り組み①

図5-6 Pelionのコネクティビティ管理サービスの特徴
提供：Arm

(1) IoTデバイスを世界中でシームレスにつなぐ「コネクティビティ管理」

　Pelionのコネクティビティ管理は、IoT向けモバイル通信とその管理を世界中でシームレスにArmとの単一契約で提供するサービスであり、IoTデバイス向けのセキュアな接続を実現する、フルマネージドのターンキーサービスである（図5-6、5-7）。

　たとえば複数の国・地域に出荷する車載IoTデバイスに適用すれば、そのコネクティビティを製品のライフサイクルにわたってPelionデバイス管理サービスで一元的に管理できる。

(2) IoTデバイスをライフサイクルにわたって管理する「デバイス管理」

　Pelionのデバイス管理は、多種多様なIoTデバイスに対するオンボーディング、モニタリング、アップデート、ライフサイクル管理の機能を、いずれ

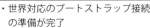

1 自動車の製造が完了
・世界対応のブートストラップ接続をテスト済み
・車にeUICCを割り当て

2 使用する地域に出荷
・世界対応のブートストラップ接続の準備が完了
・ディーラーにeUICCを割り当て

4 顧客が地域内で車を使用
・現地のeSIMプロファイルを使用
・データをセキュアにルーティング
・自動車メーカーによるモニタリングが可能

3 自動車を顧客に販売
・現地のeSIMプロファイルを適用
・保証とインフォテインメントを有効化

5 自動車が別の国・地域で使用
・新しい国・地域を検出
・eSIMプロファイルを変更
・使用地域によらず通信コストを均一化

6 自動車の売却または使用終了
・eSIMプロファイルを削除
・世界対応のブートストラップ接続を回復
・請求や他のサービスを停止

図5-7　車載IoTデバイスにおけるPelionコネクティビティ管理の使用例
提供：Arm

もセキュアかつ高い信頼性で提供するサービスである（**図5-8**）。オンプレミス、パブリック、プライベートのクラウド環境とハイブリッド環境を対象とした、柔軟な実装オプションに対応する。事例として株式会社村田製作所のセンサープラットフォームを後述する。

(3) データからの価値創出をカンタンにする「データ管理」

Pelionのデータ管理は、IoTデバイスのデータと企業がITやマーケティングで扱うデータを同じプラットフォーム上で扱えるようにし、予測型のインサイトに基づく最適化や、新たな収益源の創出などを可能にする（**図5-9**）。事例としてパイオニア株式会社の自動車事故リスク予測プラットフォームを後述する。

(4) IoTデバイス開発を簡略化する「Mbed」

Mbedの中核要素「Mbed OS」は、複雑なIoTシステムに対応するために構築されたプラットフォームOSであり、Armの「Cortex-M」プロセッサを集積したマイコン上で動作する。オープンソースで提供されており、誰で

第❺章　モノづくり企業のDXへの取り組み①

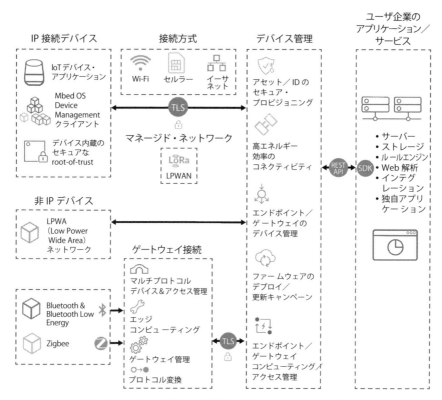

図5-8　Pelionデバイス管理を用いたシステムの構成図
提供：Arm

図5-9　Pelionデータ管理の機能
提供：Arm

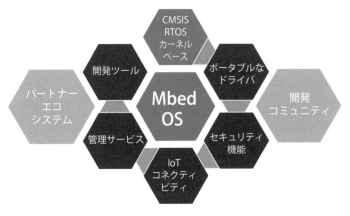

図5-10　IoTデバイスの基盤を担うMbed

提供：Arm

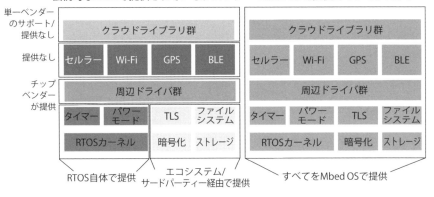

図5-11　Mbed OSはIoTデバイスのビルディングブロックをまとめて提供

提供：Arm

も無償で利用が可能である。前述したIoTデバイスの開発やコネクティビティにまつわる課題を軽減できる（図5-10、5-11）。

(5) IoTデバイスのセキュリティを守る業界共通フレームワーク「PSA」

ArmはIoT向けに提供するプロダクトやサービスによって、IoTのデバイスからネットワーク接続、データに至るまで包括的なセキュリティを実現し

第❺章　モノづくり企業のDXへの取り組み①

PSAの主要な4つのフェーズ　　複数のユースケースにまたがる共通指針（10のゴール）　　アーキテクチャー＆仕様

図5-12　PSAはセキュアなIoTを実現する指針と参照設計を提供

提供：Arm

ている。その1つが、セキュアなIoTデバイスの開発に向けたフレームワーク「Platform Security Architecture（PSA）」である。PSAの実態は、セキュアなIoTデバイスを構築するための指針をまとめた文書群と参照実装である。このフレームワークに沿って開発を進めることで、IoTソリューションの開発者やデバイスメーカーは、多種多様なIoTデバイスの世界で収集されたデータのセキュリティと真正性を確立できる。

PSAフレームワークの実行フェーズは大きく4つに分かれており、それぞれ以下を提供する（**図5-12**）。

①分析フェーズ：IoTデバイスの潜在的な脆弱性を評価するための脅威モデル
②設計フェーズ：SoC（システムLSI）やデバイスに適用できるハードウェアとファームウェアの仕様一式
③実装フェーズ：設計フェーズの仕様に準拠したオープンソースのリファレンス実装コード
④認定フェーズ：第三者機関によるセキュリティ認定制度「PSA Certified」

(6) プラットフォーム利用者に自社の価値創出に専念できる環境を提供する「パートナーエコシステム」

Armはハードウェア、ソフトウェア、サービスそれぞれのプロバイダー

と協業し、これらを利用する企業がIoTアプリケーションによって価値を創造することに注力できる環境を整えている。IoTプロジェクトに適したデバイスやそのデバイスを実現するマイコンの選定であろうと、企業の既存のIoTシステムにPelionを統合するシステムインテグレーションであろうと、Pelionを利用して特定用途向けに事前構築されたソリューションの導入であろうと、このエコシステムにアクセスすれば、適切なパートナーの支援を受けることが可能である。

Pelion活用事例：製造業のDX

　Pelion IoT PlatformでArmが注力する領域は、ミッションクリティカルな社会インフラを担うアプリケーションである。すなわち、「信頼できるデバイスから、信頼できるデータを取得・活用」することが、特に求められる分野を狙う。ユースケースは多岐にわたり、たとえば電力事業者向けのスマートメーター管理から、都市や建物における施設管理やスマートライティング、物流業界の物品追跡（アセットトラッキング）、小売業のオムニチャネルなど幅広い。

　たとえばNECは2019年8月、実証プロジェクトとして、自社が提供するクラウド基盤サービス「NEC Cloud IaaS」上にPelionデバイス管理のプライベートクラウド版（オンプレミス実装オプション）を展開。社会インフラに組み込まれるIoT機器を高いセキュリティ要件で管理することが求められる用途を対象に、実証実験を開始した。同時に、本実証のフィールド・トライアルとして、和歌山県南紀白浜エリアに設置した、顔検出処理を高速化する「NEC AI Accelerator」のリモートでのデバイス運用管理を開始した。

　ここでは、製造業でDXに取り組む国内企業2社の事例を紹介する。製造業の事例といっても、「生産現場の見える化」ではない。IoTというテクノロジーとそこで得られたデータの活用によって、自社の事業領域そのものを変革するDXの事例である。

(1) パイオニア：事故リスク予測プラットフォーム

■取り組みの背景

　パイオニアの主力事業であるカーエレクトロニクス事業は、カーナビゲーションや車載AV、ドライブレコーダーなどの車載機器の製造・販売を柱にしてきた。ここ数年、データを活用したソリューションの提供をもう1つの柱にする新たな戦略を実行に移しており、この取り組みの中で同社は、車載機器から取得できるデータを活用し、交通事故のない安心・安全な社会の実現に寄与するソリューションを開発・提供している。

■取り組みの内容

　データを活用したソリューション事業の中でパイオニアが提供するソリューションの1つが、先進運転支援システム「Intelligent Pilot（インテリジェント パイロット）」である。車載IoT端末を介して取得できるプローブ

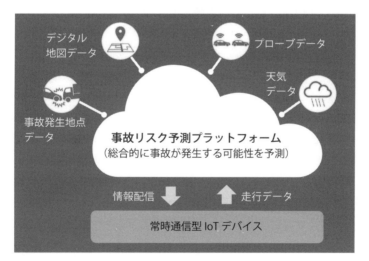

図5-13　車載IoT端末を利用した事故リスク予測プラットフォーム
　　　提供：パイオニア

パイオニアの事故リスク予測プラットフォームは、車載IoT端末（例：通信機能搭載のドライブレコーダー）からクラウドに送信されるプローブデータに加えて、さまざまな情報ソースから取得するデータを混合し、AIを活用して運転者の事故リスクを予測する

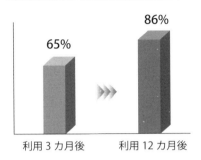
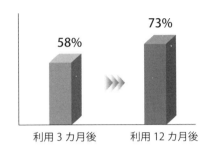

12カ月以上利用しているIntelligent Pilotユーザーのうち、約7,000人をランダムに抽出。利用から2カ月間の平均を基準とし、3カ月目、12カ月目に危険挙動(急減速、急ハンドル)回数が減少したユーザーの割合を算出

図5-14　Intelligent Pilotユーザーの運転行動の変化

提供：パイオニア

情報（車両の走行位置などの履歴情報）や運転傾向に加え、デジタル地図データや事故発生地点データ、気象データなどのデータを用いて、AIにより統合的に事故や危険を予測し、運転者が事故に遭遇するリスクを算出。それに基づいて、運転者にリアルタイムに注意喚起や警告をするシステムである（図5-13）。

　Intelligent Pilotは、運転者ごとに個別に事故リスクを予測し、運転中に出す警告は事故リスクが高いときだけに限定する。これにより、運転者への「警告慣れ」を防止できるという。実際に、このサービスを継続的に利用している運転者（ユーザー）について危険挙動（急減速、急ハンドル）が減少した割合を調査したところ、利用期間が長くなるほど安全運転傾向の高いユーザーが増えていた（図5-14）。

■Pelionの利用方法

　Intelligent Pilotの構成要素であるスコアリング技術「YOUR SCORING」のデータ管理基盤として、Pelion Data Management（実態はTreasure DataがArmによる買収前から提供してきたデータ管理サービス）を採用。

図5-15　Intelligent Pilotの概念図

提供：Arm

Treasure Dataのデータ基盤（Pelion IoT PlatformのData Managementに相当）には、車載器からネットワーク経由で届くデータに加えてさまざまなソースからのデータが集約され、そこでの処理結果を各種の上位アプリケーションや外部サービスに連携できるアーキテクチャーになっている

車載IoT端末から送信されてくるデバイスデータと各種ソースからのデータ（天気、地図、交通・渋滞）を融合し、運転者の運転傾向や事故に遭遇するリスクを算出するために用いている（図5-15）。

■成果と今後の取り組み

Intelligent Pilotの交通事故削減に対する効果については前述の通りであるが、事業面としても、すでに自動車保険のテレマティクスサービスに採用され、データを活用したソリューション事業としての新たな収益源になっている。パイオニアはこのサービスで保険事業者のほかにも、業務車両を大量に保有するさまざまな事業者に価値提供できると考え、多様な業界業種に向けて活用を提案している。

(2) 村田製作所：センサープラットフォーム「NAONA」

■取り組みの背景

村田製作所は、コンデンサや雑音対策部品、フィルタ、各種センサー、近

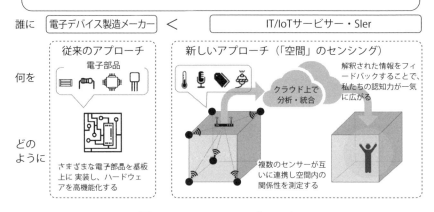

図5-16　DXへのアプローチ

提供：村田製作所

これまでのビジネスモデルは、部品としてのセンサーを製造・販売し、その対価を得る「売り切り型」だった。今、新たに取り組むのはセンサーから得たデータを解釈して生成した情報を、「継続課金型」で提供するモデルである

距離無線通信モジュールなどを製造販売する総合電子部品メーカーである。DXを自社にとって大きなビジネスチャンスととらえる反面、これまで同社が経験してきたビジネス環境とは異なるとの認識に基づき、従来の「部品売り切り型」とは異なる新たなビジネスモデルへの展開が必要だと考えた（図5-16）。

　旧来のビジネス環境との違いは、大きく2つある。1つは、「部品ニーズの分散化」である。これまでの30年間は規模の経済が働いており、時代ごとに主役はPC、携帯電話機、薄型テレビ、スマートフォンと移り変わってきたが、いずれの時代も電子部品の大需要家となる特定の製品カテゴリーが存在し、部品に対するニーズはまとまっていた。同社にとっては、「比較的少数の顧客企業に対して、差異の少ない部品を大量に出荷する」という構図が保たれていた。IoT時代には、単一の製品カテゴリーに収まらない多種多様

第**5**章　モノづくり企業のDXへの取り組み①

な機器が電子部品の需要家になる。そのビジネス環境は、多様な部品ニーズに応えながら、数多くの顧客企業にそれぞれ比較的少量の部品を出荷するというロングテール型に変わっていく。

　もう1つの違いは「産業分野のクロスオーバー」である。付加価値の所在が、部品を利用して機器を製造したり、その機器を所有したりすることから、そこから生み出される情報や知識、知恵などより上位の階層にシフトしつつあると同社は見ている。そこはIT企業やEC事業者といった、いわゆるプラットフォーマーのフィールドである。

　そこで同社は、「センシングが今後、重要なインフラとして社会に浸透していく」という仮説に基づき、DXによる新たなビジネスモデルとして「センシングによって得られた情報を提供する」取り組みをはじめた。

■取り組みの内容

　センシングしたデータをマネタイズするための新たなクラウドソリューション「NAONA（ナオナ）」を立ち上げ、新ビジネス創出を推進している。さまざまなセンサーを組み合わせるとともに、クラウドや機械学習のテクノロジーを活用することで、これまで物理的なセンサーだけでは実現できなかったセンシングを可能にし、今まで「見える化（定量化）」できていなかった情報を提供できることが特徴である。たとえば、場の雰囲気や盛り上がり、人間同士の親密度などの情報を取得し、そのデータをAPI経由でユーザー企業に提供している。

■Pelionの利用方法

　多くの企業がIoTビジネスの創出に取り組んでいるが、村田製作所は検証を進める中で、ハードウェア設計とクラウド連携の仕組みの構築に対する時間とコストの障壁が大きな課題になっているという認識を強めた。そこで同社は、ビジネス化や検証サイクルのスピードアップを目的に、ハードウェア設計や通信技術の強みを活かしたエッジ・ソリューションを次のプラットフォームとして構築、進化させる「Piffa* Platform」構想を練り上げた。

＊2019年10月時点の呼称

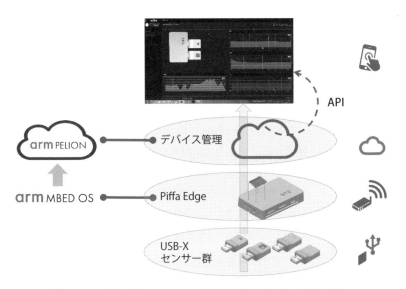

図5-17 センサー・ツー・クラウドを容易化する仕組み

提供：村田製作所

つなぐだけで簡単に物理情報をデータ化し、クラウド側で活用可能にするセンシングハードウェアの基盤部分に、Arm Pelion IoT Platformを用いている。USB-X仕様の各種センサーをPiffa Edgeのコネクタにつなげば、センサーのデータがネットワーク経由でPelionに吸い上げられ、クラウドを介してデータを活用することができる

　Mbed OSを搭載し、Pelion Device Managementに簡単に接続してクラウドにデータを送信できるWi-Fiモジュールを開発するとともに、同モジュールを内蔵するエッジ端末「Piffa Edge」を用意。USB-Xと呼ぶドングル型の各種センサーをPiffa Edgeのコネクタにつなぐだけで、センサーのデータを簡単にクラウドに送信できる仕組みを構築した（図5-17）。

　次のステップとして、センサーデータの変換・統合を担うクラウドとPelion Device Managementを連携させ、Piffa Edgeのデバイス管理機能を開発中である。これを商用化対応のハードウェアとして、実証実験からサービスインまで広く利用可能なハードウェアプラットフォームとして活用し、さまざまなユースケースに素早く対応し、PoCを迅速に繰り返していく計画である。

第❺章　モノづくり企業のDXへの取り組み①

■**成果と今後の取り組み**

　村田製作所は、さまざまな社会課題に対して取り組みを進める中で、保育園を対象にNAONAの実証実験を行った。保育士の精神的ストレスの軽減を狙ったもので、園内のどの場所にいる幼児が興奮しているか、悲しい気持ちになっているかなどをセンシングして可視化。教室にいないスタッフにも、その情報が共有されるようにした。たとえば、教室内の保育士だけでは対応が難しい状況が発生したら、サポートに駆けつけるようなことが可能である。保育士からは、「自分からはヘルプを頼みづらいが、これはその抵抗感が少ない」「教室の外からも見守ってもらっているという安心感がある」という評価が得られたという。

　こうした実証実験を経た後に、同社はNAONAの商用サービス提供を2019年6月に開始した。昨今、企業内で課題になっているコミュニケーションに焦点をあてたサービス「NAONA × Meeting」である。1 on 1ミーティングの質を高め、部下の育成促進や組織としての生産性の向上に寄与するサービスだとする。

　同社は今後さらに、センシングで空間情報を定量化し、それを活用して社会課題を解決するソリューションを拡充していく考えである。

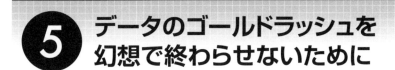
5　データのゴールドラッシュを幻想で終わらせないために

　「この先の数年間で、これまで収集されていなかったデータや、収集されても未活用のままだったデータの世界がIoTによって解き放たれ、社会の変革に向けたとてつもない機会が生まれる」とArmのIoTサービスグループプレジデントのディペッシュ・パテルは語り、その巨大な機会を「データのゴールドラッシュ」と表現する。

　石油や金脈になぞらえられるデータだが、その真価を解き放つのは容易ではない。IoT市場調査アナリストとして関係各社を取材するIDC Japan株式会社 Worldwide IoT Team シニアマーケットアナリストの鳥巣悠太氏は、

111

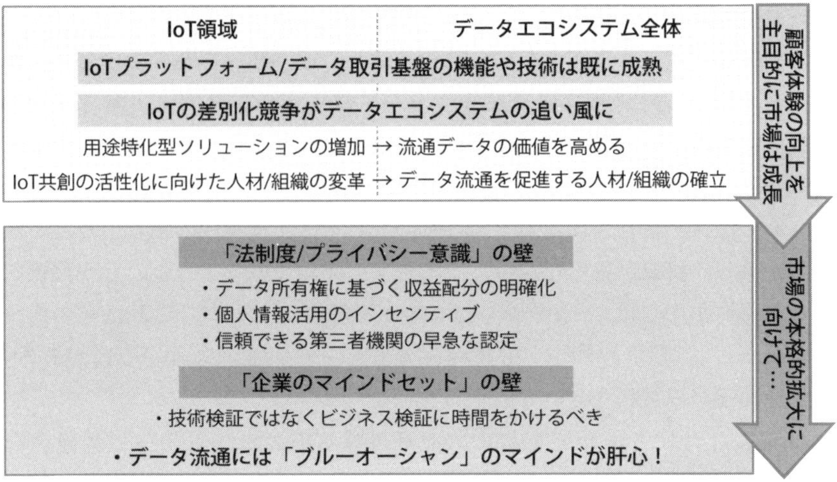

図5-18　データエコシステムを待ち受ける2つの障壁

提供：IDC Japan

2019年7月に発表した「国内IoT市場データエコシステム事業者調査結果」の中で、データを活用したDXに取り組むステークホルダー群（これをデータエコシステムと呼ぶ）は今後、2つの壁に直面することになると指摘している（**図5-18**）。1つは「法制度／プライバシー意識」の壁、もう1つは「企業のマインドセット」の壁である。

　もちろん、その手前の段階で各社は、IoTアプリケーションを構築し、物理世界のデータをセキュアにクラウドに上げる仕組みや、データを流通させる取引基盤の整備に取り組む必要がある。しかし、その先にある壁こそが最後の難関だというのが鳥巣氏のメッセージだ。「技術検証ではなく、ビジネス検証に時間をかけるべき」と鳥巣氏はいう。

　だからこそArmは、データの活用と価値創出にまつわるテクノロジー領域の面倒ごとをPelion IoT Platformとそのエコシステムで引き受けたいと考えている。DXに取り組む企業がPelionを利用することで、自らは最難関の壁を乗り越えることに集中し、IoTの真価を手にできるようになる。それがArmのIoTサービスグループのゴールである。

112

第6章

モノづくり企業の
DXへの取り組み②

~東芝機械[1]：顧客価値拡大を目的に
IoTプラットフォームを提供し、エコシステムを組成

東芝機械株式会社[2]は、静岡県沼津市に本社を構える1949年設立の老舗機械メーカーである（設立当時は株式会社芝浦機械製作所、前身の芝浦工作機械株式会社は1938年設立）。

　東芝機械は、工作機械・精密加工機・射出成形機・ダイカストマシン・押出成形機・ガラス成形機・ロボットなどモノづくりに関わる多種の産業用機械を長年製造販売しているが、近年これらの産業用機械においてもIoT技術やAIなどを活用したDXに向けた取り組みが顕著となっている。

　しかし、一口にDXといっても機械の種類により取り組みはさまざまである。東芝機械は多種の機械製品を扱う総合機械メーカーであるがゆえ、多様な顧客ニーズに応える必要があり、「IoT＋m」という統一コンセプトでDXに向けた取り組みを推進している。

 モノづくり産業におけるDX化

　東芝機械が関わっている製造業のモノづくりにおける顧客ニーズには、以下の傾向があると考えられる。

(1) 機械種類による傾向

　1つめは、機械の種類別による傾向である。

　工作機械や精密加工機のように金属切削をするようなタイプの機械や、押出成形機のように連続稼働している機械に対するニーズの主なものとしては稼働率の向上が挙げられる。

　稼働率の向上というニーズをさらに掘り下げると、

　○故障予防（予知）によるダウンタイム削減

　○ツール摩耗の検知

1　本章の記載は、「機械と工具」2019年5月号の記事に加筆、変更を加えたものである。
2　東芝機械株式会社は、2020年4月1日から芝浦機械株式会社に社名変更予定。

○段取り作業・メンテナンス作業の効率化

など主に機械や人に関するものに分類される。大型の工作機械の中には、機械自体の稼働が30年以上になるような特殊な機械もあり、突発故障時の交換部材確保までのダウンタイムが数カ月に長期化する場合もある。また旧型の機械の場合は、センサー設置位置やネットワーク接続に工夫が必要なものもあり、工場全体をデジタル化するための障壁となる。

射出成形機・ダイカストマシンなどの成形機では、大型や特殊な機械の場合は工作機械と同様に、故障予防（予知）によるダウンタイム削減が課題となっているが、量産タイプの中小型機の場合はパーツが比較的容易に入手できることから、大型機ほどのニーズは少ない。代わりに、成形品の品質管理や繰り返し安定性の向上、トレーサビリティの確保へのデジタル技術の活用ニーズが高い。

産業用ロボットについては、ロボット自体がシステムを構成する要素の一部であることから、ロボット単体に対してデジタル化の技術を活用するというよりもシステム全体の中で活用する色合いが強い。

(2) 職種による傾向

もう1つは職種による傾向である。

現場のオペレーターは機械の稼働中に常駐している必要はなく、次工程のための段取り作業や他の機械のオペレーションなどでその場を離れる場合や機械の自動運転が昼夜に及ぶ場合などでは、リモートでの稼働監視のニーズがある。一方、生産現場の管理監督者にとっては、生産進捗や機械の稼働率が一目でわかるようになると管理が省力化される。

比較的大きな規模の工場になると、機械の保守・保全要員が常駐している場合があり、そのような職種では故障予防（予知）のニーズが高い。

2 東芝機械のIoTコンセプト「IoT＋m」

東芝機械では、DXへ取り組むためのIoTのコンセプトを「IoT＋m」と名づけて推進している（図6-1）。「IoT＋m」の"m"はmanufacturing、machinery、maintenance、monitoringなどモノづくりにおける付加価値向上に必要と考えられる多くの言葉の頭文字である。

東芝機械の強みは、機械メーカーとして長年培ってきた機械や加工・成形に関する知見を豊富に持つ総合力であり、これにデジタル化の技術が加わる

図6-1 「IoT＋m」の由来

提供：東芝機械

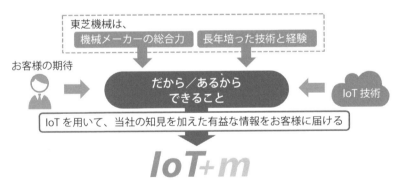

図6-2 「IoT＋m」の基本的な考え方

提供：東芝機械

ことで、既存の知見に加えて有益な情報を顧客に提供することが可能となると考えられる。それが「IoT + m」の意義である。

東芝機械は「IoT + m」に基づき産業の垣根を超え、顧客の生産性向上を実現することを目指している（**図6-2**）。

3 IoTプラットフォーム「machiNet（マシネット）」

(1) machiNetの概要

「IoT + m」のコンセプトを実現するための基盤となるプラットフォームが「machiNet（マシネット）」である。

machiNetでは、顧客の課題を
○人材不足を補うための生産性向上
○突発的な機械の停止
○生産拠点の分散
○品質向上・安定化

人材不足を補う生産性向上　　突発的な機械の停止
　知能化　　予知保全　
　　　　自動化　　計画保守

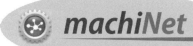

生産拠点の分散　　　　　　品質向上・安定化
　一元管理　　AI活用の分析　
　　　　監視　　　　結果の反映

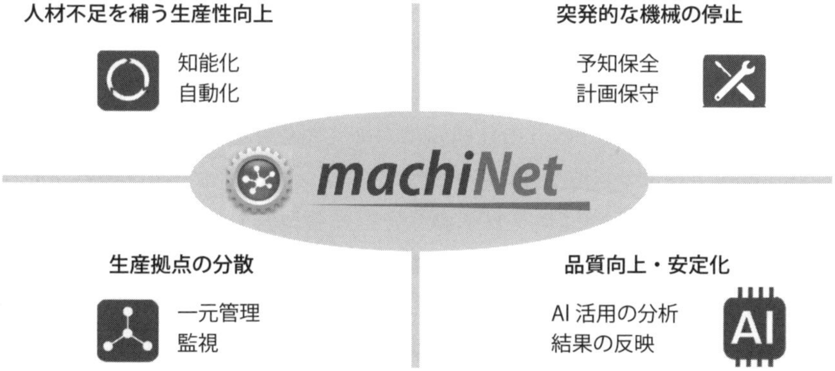

図6-3　machiNetが解決する課題と方策

提供：東芝機械

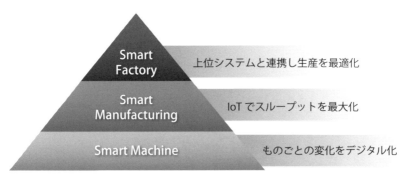

図6-4　machiNetによるスマートファクトリー実現の構造
提供：東芝機械

の4つに区分しているが、課題により解決策も異なるため、手法を適材適所で使い分けている（図6-3）。

machiNetの目指す姿に向けたステップは、
①製造現場の個々の機器の状況、およびその変化をデジタル化することで個々の機械のスマート化を推進する（スマートマシンの実現）
②集めた情報を活用し、製造工程全体のスループットを最大化する取り組みを行うことにより、製造工程をスマート化する（スマートマニュファクチャリングの実現）
③スマート化された製造工程で集められた情報を上位システムと連携し、工場全体の生産を最適化する取り組みを行うことにより、工場全体をスマート化する（スマートファクトリーの実現）

の3段階を想定している（図6-4）。

これを実現するmachiNetの仕組みは、モノづくりの現場（現実世界）の多様な産業用機械の状態や作業者の情報をエッジコンピュータに集め、それをオンプレミスあるいはクラウドのサーバに蓄積して見える化し、さらにAIなどを用いて分析・活用する。エッジコンピュータとサーバ、MES（Manufacturing Execution System：製造実行システム）やERP（Enterprise Resources Planning）などの上位システムとは、標準プロトコルであるOPC UAを用いて接続することが可能である（図6-5）。

東芝機械はmachiNetを用い、顧客に対し、従来の産業用機械の販売（モ

第6章　モノづくり企業のDXへの取り組み②

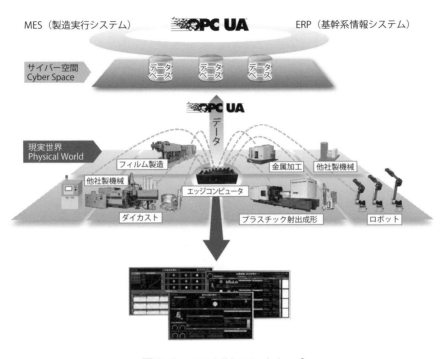

図6-5　machiNetのイメージ

提供：東芝機械

ノ売り)からサービス化(コトづくり)へのビジネス拡張を図っている。

(2) machiNet導入のステップ

machiNet導入に際しては、以下の5つのステップに分けて実現すべきと考えている(**図6-6**)。

①有用なデータをデジタル化する
②データを蓄積する
③データを人が分析して、課題解決に役立てるとともに知見を集積する
④データが十分集まったところで、AIなどの手法を用いてある程度自動的に分析する
⑤分析結果を自動で反映する

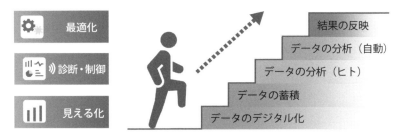

図6-6　machiNetの導入ステップ

提供：東芝機械

(3) machiNetの基本アーキテクチャー

machiNetでは、エッジコンピュータにデータを集めて種々の機能を実行することを基本としている。エッジコンピュータに実装される機能は大別して、

①見える化機能
②接続機能
③アプリケーション
④データベース
⑤上位システムへのコンバート機能

の5つであり、目的別に実装するソフトウェアやハードウェアの構成を変えている。各機能について簡単に紹介する。

①見える化機能

　machiNetの見える化の特長は、対象の機械の種類が異なっても表示画面（ダッシュボード）の階層は統一し、画面の見た目もできるだけ共通にして標準テンプレート化していることである

　標準的なダッシュボードの構成は、
　　○工程進捗管理ボード（図6-7）
　　○グループ設備管理ボード（図6-8）
　　○個別設備詳細ボード（図6-9）

第❻章　モノづくり企業のDXへの取り組み②

図6-7　工程進捗管理ボードの例

提供：東芝機械

上段部分では左上の折れ線グラフで生産進捗が一目でわかるようになっており、右側の横棒グラフとランプで設備ごとの予定とその進捗の様子を示す。下段は設備機別のステータス。ステータスのランプは現在の機械の運転状態を示し、リストはその機械で加工する個別の作業予定と完了作業を示す

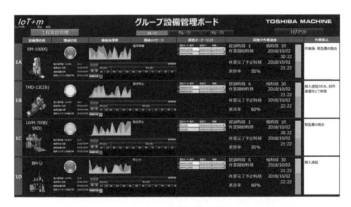

図6-8　グループ設備管理ボードの例

提供：東芝機械

同ボードは工程進捗管理ボードから遷移し、複数台の設備機械に関わる情報を一目で見ることができる。左から順に、機械の名称とイメージ画像、機械の運転状態を示すランプ、現在の加工プログラム名、運転状態の傾向を見るための積み上げ折れ線グラフ、運転状態ランプの時系列推移をみるための帯グラフ、作業のリスト、作業の開始/終了予定時刻と進捗バー、伝達事項（メモ）の記入エリアで構成されている。積み上げ折れ線グラフは、24時間の運転状態を示し、ランプの点灯時間がパーセンテージで示される。グラフの横軸は日付で、範囲を変えることにより機械の過去運転状態の傾向を把握できる

121

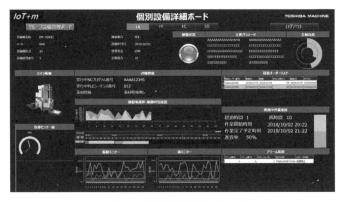

図6-9　個別設備詳細ボード
　　提供：東芝機械

同ボードは工程進捗管理ボードから遷移し、設備機械の個別の詳細情報を見ることができる。上段は運転状態を示すランプ、中段は積み上げ折れ線グラフや帯グラフ、中段右は加工時間と進捗バーで構成されている。これらは1階層目や2階層目と同じ情報が表示される。右上には主要パラメータ一覧や主軸負荷率の円グラフ、左下と下段中央は各種センサーから取得したデータのトレンドグラフ、右下にアラーム履歴が表示される

の3階層となっている
②接続機能
　machiNetのエッジコンピュータは、東芝機械の機械やセンサー（TMスマートセンサ）、MTConnect（工作機械向けの通信プロトコルであり、米国を中心に多くの大手メーカーが採用している規格）などに接続することができる
③アプリケーション
　工作機械、射出成形機、ダイカストマシン、押出成形機などの機械の種類別に専用のデータ収集・監視のためのアプリケーションソフトウェアをラインナップしている
④データベース
　エッジコンピュータ内に組み込みデータベースを持ち、収集したデータを集積する仕組みを提供する。このデータベースは今後クラウド上のデータベースと同期をとり、複数のエッジコンピュータからのデータを組み合

第❻章 モノづくり企業のDXへの取り組み②

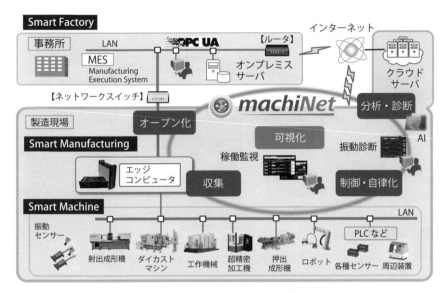

図6-10 machiNetの構成と対象範囲

提供：東芝機械

わせることで製造プロセス全体の分析をできるようにしていく

⑤上位システムへのコンバート機能

　machiNetのカバー範囲は工場の製造工程のレベルまでで、そこから上位についてはMESやERPなどの上位システムと連携し実現することを想定している。この連携については、OPC UAなどの標準プロトコルを用いたインタフェースで連携することを想定している（**図6-10**）

 machiNetの活用事例

　工作機械においては、故障予防（予知）によるダウンタイム削減、ツール摩耗の検知、段取り作業・メンテナンス作業の効率化など、主に機械や人に関するニーズが高い。以下に、machiNetを利用した改善事例を紹介する。

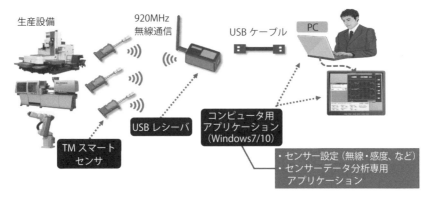

図6-11　TMスマートセンサ

提供：東芝機械

(1) センサーデバイス活用による予知保全

　工作機械において突発故障による機械停止は、顧客の事業活動に重大なダメージを与え、場合によっては金銭的な損害が発生しかねない。そこで重要となるのが、故障に至る前に予兆をとらえ、定期メンテナンスのタイミングで原因を除去することによりダウンタイムをなくす（ゼロダウンタイムへの）取り組みである。この取り組みは、予知保全や予防保全と呼ばれる。

　東芝機械は、このためのデバイスとして「TMスマートセンサ」を提供している（図6-11）。「TMスマートセンサ」はXYZの3軸の加速度センサーと温度センサーが1つになったデバイスで、データを無線通信でエッジコンピュータに送ることができる。

　この「TMスマートセンサ」のコンセプトは、さまざまな予兆をとらえるため、安価なセンサーを機械に多数取り付けることで多角的な変化をとらえることに特化し、ダイナミックレンジは狭くても変化が予兆できればよいという割り切りを行った。工作機械の場合には各軸のモーター出力軸付近や送りねじの端部、主軸のギヤ部などへ取り付けて使用することが多いが、異常の兆候をとらえた後、高精度な計測器で診断するか、保全員の点検などで診断を行う運用でメンテナンスを効率化する（図6-12）。

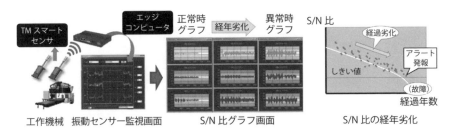

図6-12　振動データによる劣化診断

提供：東芝機械

　現在、東芝機械では、沼津工場をはじめ複数の顧客企業で「TMスマートセンサ」を設備に取り付けて診断を行っており、徐々にダウンタイム削減の効果も上がっている。

(2) machiNetによるデータ分析

　machiNetでは、収集したデータをオンラインで分析できるシステムとして、「振動データ収集・分析システムViSCAS-S」を提供している。ViSCAS-Sは東芝機械のCNC（Computerized Numerical Control：コンピュータ数値制御）と連動し、一定パターンの動作を機械にさせたときに収集した振動データを用いて劣化状態を分析、予知保全を行うものである。

　図6-13は診断のステップの一例である。まず、特定パターンの動作をさせたときの振動データを計測、蓄積し、得られたデータからAI（機械学習）を用いて、正常時の特徴量を算出し、モデルを作成する。モデル作成後、日々の運用で計測した振動データとモデルを比較することで、異常状態を判断する。

　工作機械においては、ワークを切削している状況では振動パターンが多岐にわたるため、正常状態をモデル化することは困難ではあるが、今後その確立に向けてアプローチしていく。

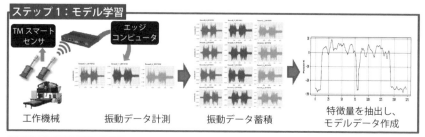
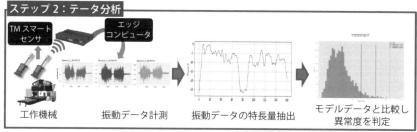

図6-13　機械学習を用いた振動診断

提供：東芝機械

5 「IoT＋mパートナー会」の取り組み

　DXに向けた関連技術は1社だけで確立することは難しい。東芝機械は、2018年7月から「IoT＋mパートナー会」というエコシステムの運営を開始している。

　「IoT＋mパートナー会」にはIoTシステムベンダーやデバイスベンダーなど35社（2019年10月現在）が加入し、顧客視点の要求に対してワンストップで対応可能な体制を構築しつつ、コトづくり化・サービス化への取り組みを進めていく（**表6-1**）。

表6-1 「IoT＋mパートナー会」参加企業のカテゴリー分類
(2019年10月現在：重複あり)

カテゴリ	参加企業数（重複あり）
センサー・IoT機器	11社
ソフトウェア・システム	14社
AI・機械学習	4社
エッジコンピュータ・PLC	4社
IoT関連サービス（クラウドサービス含む）	12社
サイバーセキュリティ	3社
IOインタフェース	2社
サーボモーター・ドライブ類	1社
その他	12社

提供：東芝機械

東芝機械の事例に見るモノづくり企業のDXへの取り組み

　東芝機械は、自社のコアコンピタンスである設備製造を中心に、顧客に対するサービスを顧客視点で実現するためのエコシステムである「IoT＋mパートナー会」を設立した。このエコシステムには、
　○データ収集のためのセンサーやカメラなどのハードウェアを提供するプレイヤー
　○データ収集や、見える化、分析（AIなど）、AR（Augmented Reality：拡張現実）、VR（Virtual Reality：仮想現実）、予防保全、自動化、自律化などをサポートするソリューションを提供するプレイヤー
　○セキュリティ脅威に対するソリューションを提供するプレイヤー
などさまざまな企業が参加している。

これによって、東芝機械の顧客自身が自社に導入した東芝機械の設備状況を把握したり、東芝機械が遠隔で顧客の稼働状況を把握し適切なアドバイスを行ったりすることで、顧客が東芝機械の設備を最適に利用できるようにすることが目指されている。

　また、東芝機械はこれらの情報から得られた知見を自社製品の企画や設計にフィードバックしたり、あるいは、顧客導入後の機器のコンフィグレーション変更やソフトウェアの入れ替えを顧客の使い方や環境に応じて行ったりすることで、顧客満足度を向上していくことも可能であろう。

　さらに今後、顧客に対し、サブスクリプションやリカーリングなどの形態で、性能や故障率などを保証しながら産業用機械を提供するようなビジネス展開の可能性も考えられ、こうしたコトづくり化を目指すベースとして、「machiNet」というプラットフォームと「IoT＋mパートナー会」というエコシステムを発展させていくという。

　一方、顧客の工場やラインはさまざまな設備・機械メーカーの機器を組み合わせて実現されているはずで、全体をどのように最適化していくかが今後のエコシステムの発展に求められていくと思われる。その先には、複数のスマートファクトリーをネットワークで結び、グローバルなバーチャル工場にすることを可能にするような取り組みも考えられる。

　また、「IoT＋mパートナー会」というエコシステム以外に、東芝機械の設備を利用している顧客組織（ユーザー会など）の設立なども1つのポイントとなるだろう。エコシステムとユーザー会の分離とその間の情報共有も、今後の東芝機械に有効な活動となっていくはずである。

第  章

複数のIoTプラットフォームに参画するアプリケーションベンダーの動き

～ウイングアーク1st：デジタルとヒトの適材適所による「ヒトの価値の最大化」

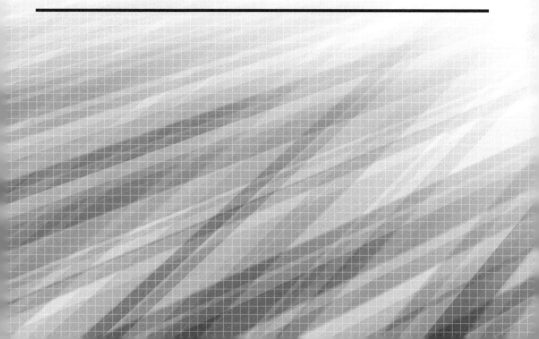

ウイングアーク1st株式会社は、東京都港区六本木に本社を構え、自らを「The Data Empowerment Company」と称し、「データ」と「テクノロジー」を組み合わせたソフトウェアやサービスを開発・販売している。ウイングアーク1stはBIダッシュボード「MotionBoard」を提供し、さまざまなプラットフォームと連携することで、プラットフォームに蓄積されたデータの「見える化」を実現している。本章では、MotionBoardの活用事例、およびデジタルとヒトの適材適所による「ヒトの価値の最大化」について述べる。

　従来の日本の経済成長は、生産年齢人口の増加と、それがもたらす総労働時間の増加によって支えられてきた。一方、現在の日本は、深刻な生産年齢人口の減少問題を抱えている。

　図7-1、7-2に示すように、公益財団法人日本生産性本部が発表したデータによると2017年の日本の労働生産性は米国の2/3程度であり、主要先進7カ国においては最も低い水準となっている。OECD加盟36カ国中でも21位と極めて低い水準にあり、1位のアイルランドと比べるとその生産性は半分にも及ばない。

　日本はこれまで生産性の低さを、1人当たりの労働時間を長くする、もしくは多くの労働者を雇用することでカバーしてきた。日本の労働者は「時間」と引き換えに、労働時間内に行う「作業」を時給換算して賃金を得てきた。

　一方、総労働時間の増加が見込めないこれからの日本においては、労働者1人ひとりが創出する付加価値を向上させる必要がある。そのためには、ヒトが従来行ってきた「作業」の中で、機械やロボットなどのデジタルの力で実現可能な作業はデジタルに任せ、ヒトはヒトでなければ対応できない生産性の高い業務に従事するような、「適材適所」の取り組みが重要となる。

　こうした取り組みには、「ヒトの価値の最大化」をもたらすことが期待される。そのためには、機械やロボットなどのデジタル機器を制御することで、ヒトが自ら無意識に制限していた常識の限界を突破し、時間単価にとらわれない成果を上げることが必要となる。これを実現するのがDXへの取り組みである。

第❼章　複数のIoTプラットフォームに参画するアプリケーションベンダーの動き

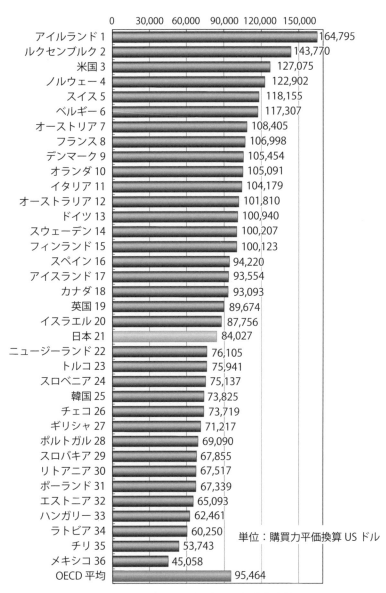

図7-1　OECD加盟諸国の労働生産性
（2017年・就業者1人当たり/36カ国比較）
出典：公益財団法人日本生産性本部「労働生産性の国際比較2018」

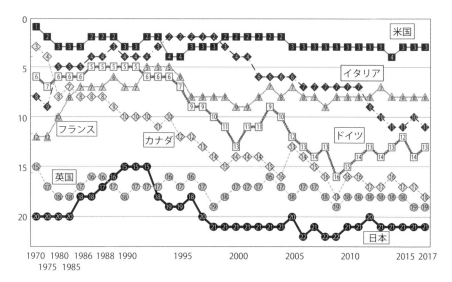

図7-2　主要先進7カ国の就業者1人当たり労働生産性の順位の変遷
出典：公益財団法人日本生産性本部「労働生産性の国際比較2018」

ウイングアーク1stは、「データ」と「テクノロジー」の力でこれらを実現したいという想いで、ソフトウェアやサービスを開発している。そして、このようなソフトウェアやサービスをDXへの取り組みを支えるソリューションとして提供している。

❶ DXがもたらす「全人類上司化計画」

　日本にとって、DXへの取り組みがもたらす「ヒトの価値の最大化」は重要なテーマである。従来ヒトが行っていた「作業」のうち、機械やロボットなどデジタルの力で実現可能な作業をデジタルに任せることにより、ヒトは単純作業から解放される。そして、この単純作業から解放されたヒトの価値を、どのように向上させるかが次の課題となる。その解決策を会社における

第**7**章　複数のIoTプラットフォームに参画するアプリケーションベンダーの動き

上司と部下の関係を例に説明する。

　一般的に、上司は部下より価値の高い仕事をしているといわれている。その価値の違いをもたらす上司の仕事は、複数の部下を育成・マネージメントし、その成果を最大化させ、部下が失敗をした場合は上司が責任をとることにある。

　機械やロボットは、自ら責任をとることはできない。どれだけAIが発達しても、AIは責任をとるすべを持たない。責任をとることができるのはヒトだけである。ヒトは、機械やロボットの責任を引き受けることができ、機械やロボットの上司になることもできる。

　ヒトが機械やロボットの上司になれば、機械やロボットを教育、マネージメントすることができる。ヒトの判断が必要なときは、上司であるヒトが判断をする。機械やロボットが失敗をした場合にもヒトが責任をとる。

　ヒトは、多くの機械やロボット（部下）をマネージメントし、短時間で大きな成果を上げることもできるようになる。その実現のためには、機械やロボット（部下）をマネージメントするためのDXへの取り組みが重要となる。ウイングアーク1stの田中潤代表は、すべてのヒトを機械やロボットの上司にするという未来像に向けた取り組みを「全人類上司化計画」と名づけている。

　ヒトがこれまで行ってきた作業も、機械やロボットに置き換えることで、5倍や10倍ものスピードで実現することが可能となる。部下である機械やロボットを増やせば、成果はさらに向上する。これにより、ヒトの価値は数十倍にもなる。

　多くのデータを判断材料として活用することにより、ヒトの判断の精度を高めることも可能となる。ヒトが機械やロボットを、ある程度作業を行うことができるレベルまで教育し、機械やロボットが行った作業データに基づき判断を下す。この結果、個々のヒトの生産性が飛躍的に向上する。

133

2 現場にいた作業員だからこそ、現場の改善ができる

　機械やロボットによる自動化が実現されたとき、現場で作業を行っていたヒトが行うことの1つは、自動化された現場の改善である。「ここがこうだったらよい」「ここをこうすればできる」と感じながら作業を行ってきたヒトだからこそ、自動化された現場の改善点にも気づくことができる。機械やロボットに仕事を奪われると思っているヒトにこそ、機械やロボットの上司となり、教育していく素養がある。

　DXへの取り組みが進んでいる企業では、作業員だったヒトが機械やロボットの上司になることで、付加価値が向上した事例も見られる。機械やロボットに仕事を奪われるという考えから、仕事を機械やロボットに引き継ぐという考えに変わり、問題点の解決や生産性の向上に向けた取り組みをヒトが行うようになる。工場単独で実施していた取り組みが、企業全体の改善活動に拡大し、社会システムの改善にもつながっていく。

3 労働者は「職人」から「クリエイター」へ

　もう1つ、ヒトにしかできない仕事がある。それが「創造」である。機械やロボットは、ヒトがデータを入力すると、正確な回答を返してくれる。しかし、まったく無の状態から新しい何かを生み出すとことは得意ではない。

　一方、ヒトは特に経験やデータがなくても、無から有を生み出すことができる。ゼロから1を生み出す作業は、ヒトにしかできない。今後、ヒトがゼロから1を生み出す作業を担当し、1を10に成長させる作業を機械やロボットが担当するという役割分担が大事になる。そうすることで生産性は飛躍的に向上する。

第 7 章　複数のIoTプラットフォームに参画するアプリケーションベンダーの動き

　1を10に成長させる作業が得意なヒトもいるが、作業だけに特化していると、いずれ機械やロボットの方が速く正確な結果を出すようになる。1を10に成長させる作業は機械やロボットに任せた方が効率が良い。その分、ゼロから1を生み出す創造にヒトが注力することで、より新しいもの、より役立つものが生まれる可能性が高くなる。

　これまでの日本の労働者の多くは、どちらかというと1を10に成長させる「職人」と呼ばれる人材であったと思われる。しかし、これからはゼロから1を生み出す人材、いわば「クリエイター」が重要になっていく。

4 なぜ製造現場でDXへの取り組みが進んでいるのか?

　昨今、さまざまな産業でDXへの取り組みが進んでいる。その中で顕著な成果を出している事例が多い業種は、製造業と考えられる。

　製造業は、従来から「ヒトの最適化」の活動を継続的に推進してきた。その中でも、生産現場のオペレーションをつくり込んできた日本の製造業の取り組みはトップクラスといわれている。

　ただし、最適化を突き詰めてきた結果、日本の製造業の現場効率化はこれ以上の向上が望めないレベルまで到達し、ヒトの動きを最適化できる余地が少なくなってきている。

　ここ数年、DXが注目されるようになった背景の1つに、頭打ちになった「ヒトの最適化」に変わる取り組みが必要になってきたことがある。ヒトの動きをこれ以上最適化できないのであれば、ヒト以外のモノを進化させるのは、自然な成り行きともいえる。

　日本でこれ以上生産年齢人口の減少が進むと、極限までヒトの動きが最適化された製造業の現場は成り立たなくなる。そうした危機感が、製造業において機械やロボットなどを制御して生産性を向上しようという取り組みにつながっている。ただ、DXへの取り組みがスムースに進んでいるというわけでは必ずしもない。これまで培われたヒトの「勘と経験」がDXの取り組み

への障壁となる場合もある。

　熟練の作業員が機械などの不調を察知し、特定の部品を交換するようなケースを考えてみる。不調の兆候への気づきや不調部品の特定は従来、限られた熟練作業員にしかできず、その判断基準は作業員ですらうまく言葉に変換できないことも多かった。しかし、「うまく言葉に変換できない」という感覚を紐解いていくと、そこにはそれまで個々のヒトの中に蓄積された経験や、微妙な音の変化への気づき、動きの変化への気づきなどが含まれ、それをヒトが敏感に察知し、過去の経験と照らし合わせ、分析していることも多かった。

　そうした一連のプロセスを総称して「勘」といっているが、そこには的確な分析と予測が存在していた。その曖昧な感覚をなんとか見える化できないかというニーズに、IoTなどを使ったセンシング技術に注目が集まる理由がある。機械やロボットが発する微妙な変化は、すべて物理現象に変換できるはずだという想いが、DXへの取り組みのスピードを加速させている。

　DXへの取り組みにより、これまで個人しか持ち得なかった「勘と経験」を他のヒトと共有できるようになり、「ヒトの最適化」の限界を超える可能性が生まれる。今後は、これまで熟練の作業員だけが持っていた技術を機械やロボットが代替することで、ヒトはもっと生産的な仕事に従事できるようになると考えられる。ヒトは機械やロボットの上司として、取り組み手段などを検討することに特化できるようになる。

DXへの取り組み手段と事例

　ウイングアーク１ｓｔは、DXへの取り組みのための「手段」の1つがテクノロジーとしての「IoT」だと考えている。ウイングアーク１ｓｔはBIダッシュボード「MotionBoard」を用い、さまざまなプラットフォームと連携することで、プラットフォームに蓄積されたデータの「見える化」を実現している。しかし、MotionBoardは見える化のための道具でしかない。

第**7**章　複数のIoTプラットフォームに参画するアプリケーションベンダーの動き

　その道具を使ってDXへの取り組みを体現している事例として、日本の大手製造業の取り組みを紹介する。

　当該企業は半導体を中心としたグローバルカンパニーで、半導体、組立製品を製造する製造拠点が大半を占めている。同社は従来から、機械やロボットなどへのヒトの作業の転換を進め、ヒトの肉体的な労働負担の軽減につなげている。また、コンピュータの活用は頭脳労働の負担軽減につながり、DXへの取り組みは潜在的なエネルギーの効率的な活用につながっている。

　デジタル空間で、生産現場の課題を解決するためのシミュレーションを行うことで、製造現場の生産性の飛躍的な向上を目指す取り組みも行っている。そのためには「デジタルツイン」が必要となる。デジタルツインとは、IoTで取得したリアルタイムデータを活用し、現実世界の製品やシステムで発生している事象をサイバー空間（デジタル）上で忠実に再現することである。

　同社ではIoTを中心とした専門部隊を立ち上げ、生産現場、技術、情報システム部門が三位一体となり、生産現場の改善に取り組んでいる。
「課題解決力の強化点」として、
　①AI・データ分析技術（質と量の向上）
　②見える化技術
の取り組みを進めている。その中の「見える化技術」には、作業者の動線データや作業データの収集・可視化だけでなく、重要なポイントとして「現場スタッフが自らヒト・モノ・設備を見える化し、改善を促進できる」技術が含まれている。

　昨今の製造業においては、現場が自ら考え工夫し改善することがポイントになると考え、見える化のための「道具」としてMotionBoardを採用し、試行錯誤をスタートする企業も増加傾向にある。

　MotionBoardはIoTのセンサーデータはもちろん、社内で利用しているデータを1つのダッシュボードで閲覧できるツールである（**図7-3**）。特に、IoTデータの見える化を実現するリアルタイム用APIを提供しているため、

137

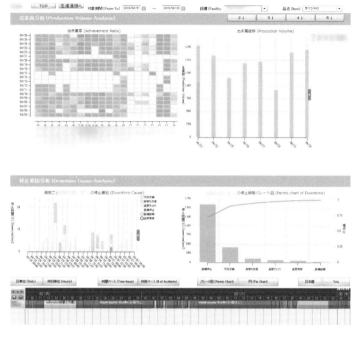

図7-3 工場での活用画面例
現場が自らヒト/モノ/設備を見える化し改善を促進できるツールを提供
提供：ウイングアーク1st

センサーからのデータをMotionBoardが受け取り、瞬時に見える化することが可能である。製造業で多く利用されている背景として、強力な監視機能が現場ニーズに適合していることが挙げられる。収集データが設定したしきい値を超えたタイミングで、メール通知・プログラム連動などの処理を自動実行できるため、プッシュ型で異常を知らせることが可能だからである。

前述の事例企業における取り組みでは、「不良ロス低減」「検査自動化」などの目標を設定し、取り組みを進めた結果、現場改善取り組み数は150件以上に達した。運用を続けるごとに、月次で活動件数も向上しているという。

さらに、件数が伸びたこと以上に最も大きな変革がある。「現場の1人ひとりの意識が変わりイノベーターになった」という点である。

第❼章　複数のIoTプラットフォームに参画するアプリケーションベンダーの動き

製造業のIoTプラットフォームにおける見える化の活用

　DXの取り組みにおいては、センサーやテクノロジーなどの技術だけではなく、データや、データとデータのつながりを活用したサービスが重要となる。膨大なIoTデータを収集、蓄積し、基盤として活用できるIoTプラットフォームの活用に取り組む企業も多い。

　ウイングアーク1stが提供するMotionBoardは、製造業をはじめ多くの企業で活用され、本書で取り上げたLANDLOGや東芝機械のプラットフォームでも見える化のツールとして利用されている。その特長を以下に述べる。

■刻一刻と変わるビジネスの状況をリアルタイムにとらえる

　MotionBoardはさまざまなプラットフォームのデータソースに直接接続し、リクエストに合わせて集計結果をダイナミックに見える化できる。

　データベースやデータウェアハウス（DWH）などのシステムに追加された新しいデータを、リアルタイムにチャートに反映する。また、IoTデータの見える化を実現するリアルタイム用APIの提供により、状況の変化をいち早くとらえることができる。

■スピードを優先し、アクションを重視

　MotionBoardを活用した見える化画面の作成には、専門的で複雑なプログラミング知識は必要ない。直感的に操作できるユーザービリティと豊富なチャート表現で、現場の1人ひとりが活用できる容易さが業種を問わず受け入れられている。ネットワーク環境に左右されずに、データを利用できるオフライン分析機能も用意されている。

　これらの特長を背景に、MotionBoardがIoTプラットフォームのアプリ

139

ケーションとして展開、活用される流れは、大きく2つある。
　①自社取り組みのサービス化
　　初期段階では、自社工場などの見える化やデータ活用のためにMotion Boardを採用し、スマートファクトリー（スマート工場）化を進めていく。その後、自社のスマートファクトリー化の成果をもとに新たな付加価値サービスを実現し、それを製品と合わせて顧客へ提供していく（スマートマシン化）
　この流れは、工作機械メーカーや設備メーカーに多く見られる。
　②IoTプラットフォームのエッジでの柔軟性向上
　　社外へIoTプラットフォームを展開するためのサービスとして、Motion Boardを活用することでデータベースやアプリケーションの標準機能を残しつつ、エッジ層でのデータ活用の柔軟性と顧客提供価値を高める
　この流れは、クラウド型IoTプラットフォームに多く見られる。

「データをつくり出す」段階から効果を生み出す段階へ

　AIやIoTなど技術を積極的に取り入れ、現場の改善に取り組んでいる前述事例における最大の効果は、現場の意識の変化にある。
　これまで毎日淡々と作業を行っていた作業員が、デジタルツールの導入により見える化が実現されたことで、自ら改善点を見つけ出し、自動化を推進するようになった。日本の企業には、業務改善などのために必要なデータがまだ圧倒的に不足しており、そのためのデータを蓄積しはじめた段階の企業も多い。
　これからDXに取り組もうとしている企業がまず行わなければならないことは、データの蓄積である。業務からデータをつくり出していかなければならない。
　従業員の稼働時間、製造ラインの稼働率、製品の生産数や不良品の数などは比較的簡単に取得できる。しかし、これからは今まで取得できていなかっ

第⑦章　複数のIoTプラットフォームに参画するアプリケーションベンダーの動き

た、あるいは取得が困難とされていた、あるいは必要と認識されていなかったデータが必要になる可能性もある。たとえば、ヒトの行動データなどがそれにあたる。

　生産性の高い従業員と生産性の低い従業員の行動データを取得して比較すると、そこには明らかな違いがあると考えられる。ヒトによって単位時間当たりの生産性が異なるのであれば、その理由をデータから突き止めようという動きが起こる。

　しかし、ただデータを取得し蓄積するだけでは意味がない。取得したデータから、新たな価値を生み出す活動が必要となる。前述した事例では単なるデータを集めるだけでなく、意味があるデータと無意味なデータを判別するノウハウなども蓄積され、現場での効果が生まれはじめている。

⑧ あらゆる産業でDXへの取り組みが広がる

　現在のDXへの取り組みは、製造業で先行していると考えられるが、今後は「ヒトの最適化」が限界を迎えている他業界にも広がると思われる。たとえば、物流業界や飲食店業界などである。

　身近な例としては、回転寿司屋がある。回転寿司屋ではレーンの上にある寿司の皿の状態（何周回ったか）をセンシングして、規定の周回を終えた皿を自動的に下げるような取り組みがすでに行われている。レーンの上を皿が何周したかを、ヒトがカウントする必要はない。そうした作業は機械に任せて、ヒトは新しいメニューの開発などクリエイティブな仕事に注力すれば、生産性は向上する。

　どんな業種でも、見渡せば機械やロボットに置き換えることが可能な仕事があるはずである。それらを機械やロボットに引き継いでいかなければ、その現場は立ち行かなくなる。

　危機感を持ち、いち早くDXへの取り組みを行うかどうかに、これからその現場が生き残ることができるかどうかがかかっている。そして、その危機

141

感は現場のヒトほど強い。経営層が現場の声をどれだけ重要視しているかも、ポイントである。

❾ 2020年の東京オリンピックがターニングポイント

　これまで述べてきたように、すでに日本は生産年齢人口減少の影響を受けはじめている。そして製造業をはじめ一部の企業では、DXへの取り組みにより現状を打破しようとする動きが起こり、成果が出はじめている。

　DXへの取り組みは、2020年に開催される東京オリンピックが1つのターニングポイントになると考える。現在、日本ではオリンピックに向かって急速なデジタル化、データ活用などが進んでいる。DXへの取り組みが進んでいるようにも見えるが、時流に乗って仕事をこなしているだけの、「作業員」のままのヒトが多い状態であるとも考えられる。また、オリンピック終了後に景気が悪化し、生産性が下がるという懸念もある。

　オリンピックに向けて活気が出ている今、自分たちに何ができるのかを考え実行する企業、実行するヒトが、将来に生き残っていけるのではないだろうか。

　いずれ日本の賃金システムも、今のような時給ベースではなく本格的な成果ベースに変わるだろう。そのときに、機械やロボットを部下にして成果を出せるようなヒトが増えていれば、日本の生産性は上がり、競争力を持つことができるようになると考えられる。

10 日本の産業界の新たなフェーズに向けて

　生産年齢人口減少に陥っている現状の日本が、その危機的状況をうまく乗り越えることができれば、その取り組みモデルを世界に展開できる可能性がある。新たな取り組みモデルを世界に向けて発信することが、生産年齢人口減少をDXへの取り組みで乗り越えようとしている日本の強みとなり得る。そのような意味でも、DXによるヒトの価値の最大化は日本にとって重要なテーマである。

　一方で、データから新しい価値を生み出すことができる人材は、まだ日本では少なく、こうした人材の育成もこれからの日本の課題といえる。今まで職人だった人たちがクリエイターになり、その技術を世界に向けて発信していく。そうした未来の実現を支えるのが、DXへの取り組みである。

　前述の事例は、そのような未来に近づきつつある企業の取り組みの1つといえる。すでに一般の従業員が自分たちでデータを分析し、改善点を見つけて自動化に向かう取り組みが進みつつあり、今後の取り組みが期待される。

　DXへの取り組みは、単なる手段でしかない。そして、その目的の1つが、ヒトの価値を高めることである。ヒトには限界がある。ヒトがどんなに頑張っても、100mを4秒で走ることができるようにはならないだろう。ヒトが限界まで「頑張る」という根性論ではなく、ヒトが機械やロボットを使いこなすことで、ヒトの限界を超えた結果を得ることができるようになったときに、日本の産業界は新しいフェーズに突入する。

　現時点では、日本はまだDXへの取り組みの黎明期にあるが、製造業をはじめ各産業界におけるDXへの取り組みが進み、成果が出てくればそれが本当のDXのはじまりになる。そのためにも、データを価値に変え、ヒトの生産性を上げていくための活用方法を見出していかなければならない。

第 **8** 章

デジタルファースト・ソサエティに向けて

ここまでグローバルなIoTプラットフォーマーを目指す英国Arm、製造業のモノづくり現場のIoT化を進める東芝機械、複数のプラットフォームにアプリケーションを提供するウイングアーク１ｓｔの事例を紹介してきた。
　本書で紹介した事例企業に代表されるように、ここ数年さまざまな企業がDXへの取り組みを進めている。また、第4次産業革命を目指した欧米諸国や中国、アジア諸国などの取り組み、日本のSociety 5.0、Connected Industriesなど、中長期で産業構造の転換を目指した国家レベルの取り組みも進みつつある。最終章である本章では、現状の再確認を行うとともに中長期での方向性について述べる。

まだ、つながりきっていない

　スマート家電と呼ばれる、インターネット接続機能が搭載された家電の普及が徐々にはじまっている（図8-1）。エアコンやテレビ、冷蔵庫などがインターネットに接続され、スマートフォンなどを用い戸外からもコントロールできるようになっている。
　エアコンであれば帰宅前にスイッチを入れ、帰宅時までに快適な室温に調整しておくことができる、空気清浄機であれば、室内の空気の状態（PM2.5の値など）が家の外でも確認できるなど、ネットワークにつながる家電を通じ、家庭へのIoTの普及がはじまっている。さらに、スマートスピーカーと連携することで音声によるコントロールも行えるなど、家電のネットワーク接続による利便性の向上が図られている。
　しかし、家の中の家電を同じメーカーの製品で統一できている家庭は、どれだけあるのだろうか。照明用のアプリケーション、冷蔵庫用のアプリケーションなど個々の製品ごとに異なるスマートフォンのアプリケーションを操作するのであれば、それはいくつもの家電用のリモコンが1台のスマートフォンの中に集約されたというレベルの変化でしかない。個別にリモコンを探さなくてよくなったという点では、利便性が上がったのかもしれないが、

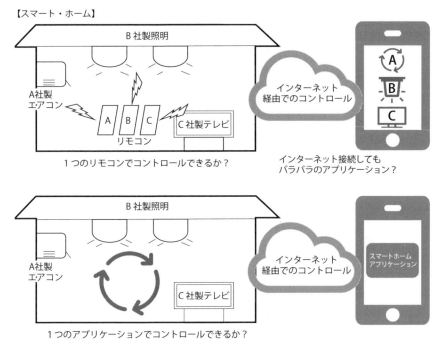

図8-1　スマート家電

利用者視点で見ると十分とはいえない。

「朝は6時に照明が入り徐々に85%のレベルまで明るくなり、テレビからはお気に入りの天気予報とニュースが流れはじめ、空調は27℃に維持されている」というように、「起床時」「帰宅時」「就寝時」などの状況やそのときの気分、体調に合わせて複数の家電が一括コントロールできるというコトを利用者は求めているはずである。そのためには、異なるメーカーの家電が1つのアプリケーションから制御できるようになっている必要がある。

このように考えると、スマート家電はまだつながりきっていない。ネットワークには接続されているが、メーカーの壁を超えることができていなかったり、特定の製品しかコントロールできなかったり、複数の家電を組み合わせて連携操作することができなかったりということであれば、「家の外からも操作可能なリモコン」の域を出ていない。

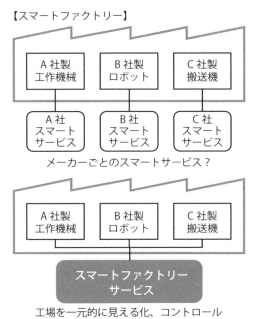

図8-2　スマートファクトリー

　同じことが、スマートファクトリーについてもいえる（**図8-2**）。現在、工場にはさまざまなメーカーの、さまざまな工作機械や産業用ロボット、搬送機などが導入され、IoT化も進んでいる。しかし、工場用設備を提供する各メーカーのIoTサービスの対象は、現状ではほとんどが自社製品に限定され、工場単位での一元的な見える化を実現できている企業はまだ少ない。

❷ テクノロジーの革新は続く

　およそ四半世紀前にはじまったインターネットの普及以降、IT分野ではさまざまなテクノロジーの革新が継続して起きている。そうしたテクノロジーであるIoT、ビッグデータ、VR/AR/MR（仮想現実/拡張現実/複合現

第**8**章　デジタルファースト・ソサエティに向けて

実）、AI、5Gなどは、これから社会実装がなされていく状況である。

第5章で取り上げた英国Armの「2035年までに、1兆個ものコネクテッドデバイスをネットワークで接続する」というビジョンと、2017年時点で世界のIoTデバイスの数が300億個にも到達していないという事実を比較すると、本格的なIoTデバイスの普及はこれからが本番である。

通信分野に目を向けると、日本で固定電話と携帯電話の契約数が逆転したのは2000年であり、携帯電話からインターネット利用が可能なNTTドコモのiモードのサービスが開始された1999年の翌年であった。2001年には3G（第3世代）モバイルネットワークが提供され、国際標準化により端末が海外でも利用可能となり、データ通信の高速化やデータ通信の定額サービスが開始された。それは、携帯電話そのものの契約数だけでなくPCのモバイル利用など、活用領域の拡大をもたらした。

2008年にはiPhoneが日本で発売され、スマートフォンの時代に突入した。通信速度のさらなる高速化は3.5G（第3.5世代）、4G（第4世代）と進み、2020年には次世代通信規格「5G（第5世代）」の商用サービスが開始される。5Gが目指すのは単なるモバイル通信の高速化ではなく、さまざまな産業システムや業務システム、社会システムでの利活用である。総務省は「令和元年版 情報通信白書」において、5Gの利活用がもたらす、日本の地方都市のさまざまな産業における課題解決の事例を取り上げている（図8-3）。5Gのサービスは世界中でほぼ同時に開始されるものであり、日本の地方都市に限らず、世界中で5Gを活用したDXの取り組みが今後進むと考えられる。

AIアルゴリズムのさまざまな社会システムへの実装も、これからが本番である。深層学習（Deep Learning）は、2012年のコンピュータによる物体認識の精度を競う国際コンテスト「ImageNet Large Scale Visual Recognition Challenge（ILSVRC）2012」においてトロント大学のチームが利用し、他のチームに比べ、圧倒的な精度で優勝したことから注目されるようになった。その後、世界中の研究機関や先端企業が深層学習の研究を進め、画像認識、音声認識、自然言語解析などに応用されることになった。現在、さまざ

149

図8-3　地方における5Gによる課題解決
出典：令和元年版 情報通信白書

まなシステムへの適用がはじまっているが、前述のように深層学習は注目されてから10年も経っておらず、さらなる進展と社会実装はこれから一層進んでいくと思われる。

5GやAIのように、DXへの取り組みを加速させるテクノロジーの革新に合わせ、本書で取り上げたプラットフォームやアプリケーションのサービスも今後さらに進化していくことは確実である。

第4章において、DXステージを以下の3段階に定義した。
◯第1ステージ：自社サービスの高度化・効率化
◯第2ステージ：プラットフォーム化による業界課題の解決
◯第3ステージ：他のスマートサービスとの連携による社会課題の解決

本書で取り上げた事例を含め、現状、多くの取り組みがこの第1ステージから第2ステージにある。こうしたDXへの取り組みが、第3ステージに向

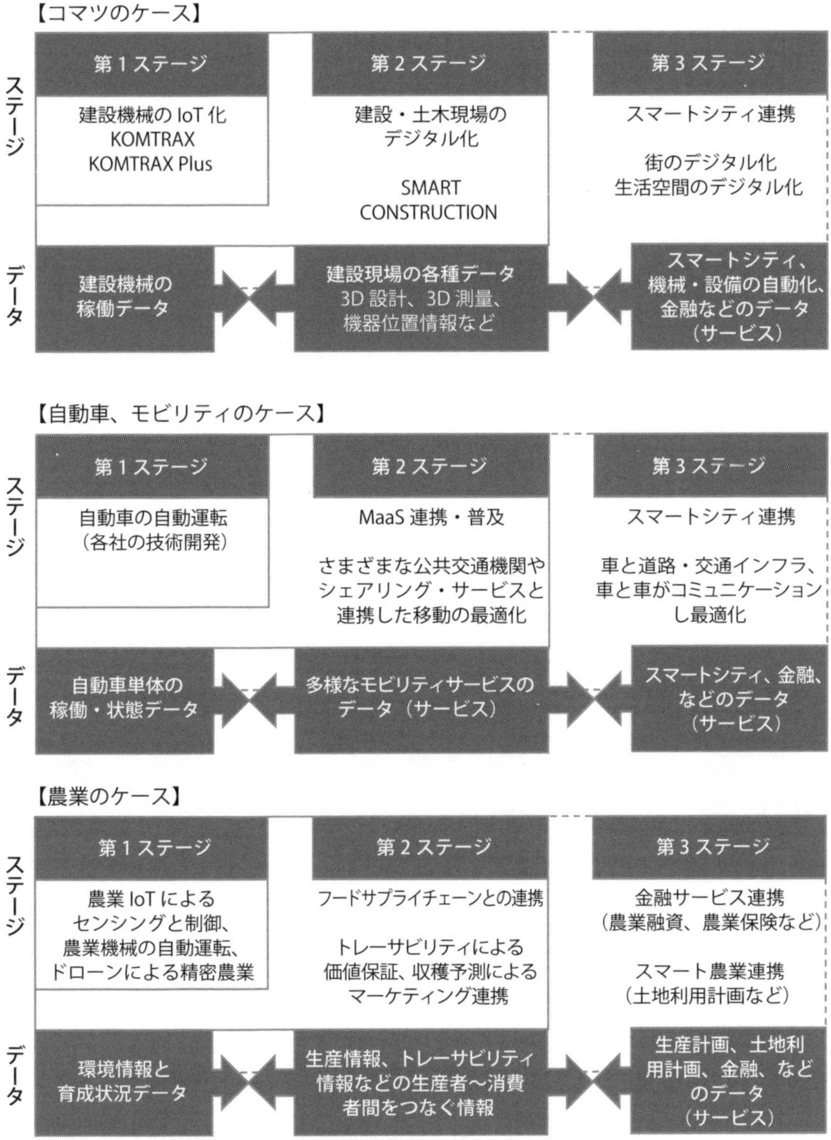

【コマツのケース】

	第1ステージ	第2ステージ	第3ステージ
ステージ	建設機械のIoT化 KOMTRAX KOMTRAX Plus	建設・土木現場の デジタル化 SMART CONSTRUCTION	スマートシティ連携 街のデジタル化 生活空間のデジタル化
データ	建設機械の 稼働データ	建設現場の各種データ 3D設計、3D測量、 機器位置情報など	スマートシティ、 機械・設備の自動化、 金融などのデータ （サービス）

【自動車、モビリティのケース】

	第1ステージ	第2ステージ	第3ステージ
ステージ	自動車の自動運転 （各社の技術開発）	MaaS連携・普及 さまざまな公共交通機関や シェアリング・サービスと 連携した移動の最適化	スマートシティ連携 車と道路・交通インフラ、 車と車がコミュニケーション し最適化
データ	自動車単体の 稼働・状態データ	多様なモビリティサービスの データ（サービス）	スマートシティ、金融、 などのデータ （サービス）

【農業のケース】

	第1ステージ	第2ステージ	第3ステージ
ステージ	農業IoTによる センシングと制御、 農業機械の自動運転、 ドローンによる精密農業	フードサプライチェーンとの連携 トレーサビリティによる 価値保証、収穫予測による マーケティング連携	金融サービス連携 （農業融資、農業保険など） スマート農業連携 （土地利用計画など）
データ	環境情報と 育成状況データ	生産情報、トレーサビリティ 情報などの生産者〜消費 者間をつなぐ情報	生産計画、土地利 用計画、金融、など のデータ （サービス）

図8-4　DXステージとデータ活用

かうにあたり、今後、MaaS（Mobility as a Service）やスマートシティなど
の社会生活に大きな変化を与えるスマートサービスと連携する取り組みも増
加していくであろう（図8-4）。

　MaaSは、従来の移動手段の概念を根底から覆すものであり、モビリティ
革命といわれている。MaaSとは、ICTを活用して移動手段の最適化を図る
もので、公共交通か否か、またその運営主体にかかわらずさまざまな交通手
段によるモビリティ（移動）を1つのサービスとしてとらえ、シームレスに
つなぐ新たな移動の概念である。

　スマートシティは、従来は都市全体をシステムとしてとらえ、エネルギー
管理などを最適化するという概念だったが、今後のスマートシティにはモビ
リティなどに対して社会インフラがインテリジェントになること（たとえば
信号機と車との会話など）が求められる。

　このような連携を考えると、各種のプラットフォームに求められるのは
「オープン性」である。データ、アプリケーション、マイクロサービス、
APIなどをより広い範囲で利活用できるようにすることで、DXへの取り組
み価値と経済性が高まることになる。

③ デジタルファースト・ソサエティに向けて

　まえがきでも述べたように、2018年に経済産業省が発表した「DXレポート
〜ITシステム『2025年の崖』の克服とDXの本格的な展開〜」には、多くの
経営者が将来の成長・競争力強化のために、先進的なデジタル技術を活用し
て新たなビジネスモデルを創出し、柔軟に改変するDXの必要性について理
解しているものの、次のような課題がそれを阻んでいることが記されている。

　○既存システムが事業部門ごとに構築されているため、全社横断的なデー
　　タ活用ができていない

　○既存システムが、標準システムに過剰なアドオンやカスタマイズをして

第**8**章　デジタルファースト・ソサエティに向けて

構築されているため、複雑化・ブラックボックス化されている

○データ活用を実現するための既存システムの改修や、データ活用のための業務の見直し要求に対する現場の抵抗が大きい

そして、この課題を克服できない場合、DXが実現できないだけでなく、2025年以降大きな経済損失が生じる可能性があることが「2025年の崖」として記されている。

同レポートではDXを実現するために必要な対処として、

○既存システムのブラックボックス状態を解消し、データをフル活用できる状態にすること

○新たなデジタル技術を導入し、デジタルネイティブ世代の人材が中心となり、新ビジネス創出とグローバル展開を進めること

が記されている。

欧米や中国のプラットフォーマーがデータを活用したビジネスを進める中、日本のデータ活用への取り組みが遅れた場合、日本はデジタル競争の敗者になるとの強い危機感が、このレポートの背景にあると思われる。データ活用がデジタル競争の勝敗を握っているのである。

デジタル化を国家レベルで推進する北欧のエストニアは、「e-Estonia」（https://e-estonia.com/）と呼ばれる行政システムの電子化を推進している。国民1人ひとりにデジタルIDカードを配布し、行政サービスのすべてをオンライン化している。

エストニアでは納税、選挙投票、会社設立、処方箋などさまざまな公共サービスがインターネット経由で利用可能であり、98％の国民がIDカードを保有し、99％の行政手続きをオンラインで行うことができ、47％の国民が選挙の際にインターネット経由で投票をしている。このサービスを支えるデータ交換のプラットフォームはX-Roadと名づけられ、分散されたデータベースをセキュアに連携させている。

各行政機関、医療機関、研究機関や企業などが連携し、通常なら大量のペーパーワークが発生するような作業をワンストップで完了させることができる。現在、150の公共機関や472の企業がX-Roadに接続しており

153

（https://www.x-tee.ee/factsheets/EE/#eng）、約2,700種類のサービスが提供されている。たとえば病院や診療所、薬局などの間のデータ連携により、医師が処方した処方箋の情報を即座に薬局で確認することが可能となり、異なる病院、診療所などの間で、患者のデータを共有できるようになっている（2019年9月現在）。

　日本においても行政手続きを原則、電子申請に統一するデジタルファースト法が2019年5月に成立し、行政手続きのオンライン実施が原則化され、利用者の利便性を高めるとともに行政の効率化が図られることとなった。

　「デジタルファースト」とは、もともとは「従来、印刷物として提供されてきた書籍・雑誌・新聞といった媒体を、最初から電子出版形式で提供すること」を指す。それが、ビジネスや社会のデジタル化が進むにつれて「ビジネスにおいてデジタル化を優先し、各業務や活動に取り組む」という概念に発展した。そして、現在では行政サービスにおけるデジタル化を加速する取り組みを表す言葉として使われるようになった。

　本書では、DXの取り組みが拡大することで、ビジネスや産業活動の隅々までデジタル化が浸透し、デジタルが社会を牽引していくという概念を表す言葉として「デジタルファースト・ソサエティ」という言葉を用いたいと考えている。「デジタルファースト・ソサエティ」の対象は、行政や教育、第1次から第3次までのさまざまな産業など社会全体である。そして、「デジタルファースト・ソサエティ」実現の前提は、他社（他者）とつながることである。

　産業のデジタル化により、価値の源泉は従来の単品のモノ（ハードウェア）から、ソフトウェアやそれを実現するための「つながる場」（プラットフォーム・エコシステム）に変化している。「つながる場」の実現のためには、他社と容易につながるための仕組みづくりが重要である。つまり、得意な人と簡単にチームを組めるようにしておくということである。「得意」と

154

第**8**章　デジタルファースト・ソサエティに向けて

いうのは、「技術的に実現できる能力を持つ」ことではない。市場へのアクセスや、市場ですでに得ている認知なども含めた総合力である。

　今後、日本企業には、「モノを製造・提供して、顧客から対価を得る」という考え方から、「顧客の経験価値を高めるために、モノにサービス的要素を加え、顧客とともに価値づくりを行う」という考え方への変革、「モノづくり」から「コトづくり」への変革が求められる。これは顧客視点への変革であり、顧客の経験価値を最大化する取り組みである。その実現のためには、さまざまなプレイヤーが得意技を持ち寄って実現される、オープンなプラットフォーム・エコシステムが必要となる。

　従来の日本のモノづくりのサプライチェーンは、ピラミッド型・垂直統合型のビジネスモデルを前提としていた。最終製品の組立企業がピラミッドの頂点に立ち、いわゆる"ケイレツ"のような特定の企業間の固定的な取引関係に基づき、サプライヤーが部品や半完成品などのハードウェアを供給するビジネスモデルであった。そこでは、ソフトウェアは補完的な位置づけであった。

　しかし今、これが立ち行かなくなっている。今後求められるのは、企業が必要なときに、必要な相手と、旧来の商流を超えてつながることができるようになることである。そして、ハードウェアが主体ではなく、ソフトウェアやデータ、コンテンツが競争力の源泉となり、そこにハードウェアが組み込まれた新しいビジネスの姿である。

　その実現のためには、価値の高いモノの製造から、モノの利用価値を高度化するサービスまでを、一貫して顧客に経験価値として提供する態勢への転換が必要であり、その一歩を踏み出せる企業体質、社会体質への変革が求められる。

　サービスという面からとらえたときには、従来のモノを中心としたサービスから、顧客の利用（経験）を重視したサービスへのシフトが必要である。その成果として個々の顧客との新たな関係が構築され、自社や自らが参画するプラットフォーム・エコシステムが提供する製品やサービスが継続的に顧

客に選択され続け、顧客のLTVが向上するなどの効果につながることが期待される。そのためには、DXへの取り組みを通じて、企業が自ら（顧客からのコンタクトを待たずに）顧客に寄り添っていくという視点や仕組みも必要となる。

　では、日本の個々の企業が強みを生かしながら、グローバルで存在価値を高めていくためにはどうすればよいのであろうか。従来の日本企業の強みの源泉は、自動車、工作機械、ロボット、精密機器などのモノづくりで培ったボトムアップ型の技術力向上の取り組みにあり、それを支えてきたのは、終身雇用制による長期安定した雇用形態と、手間と時間を厭わない技能継承にある。

　日本の製造現場では匠と呼ばれる熟練技術者のノウハウが、ガイドとして生かされているため、収集できるデータは粒度、精度、品質などが揃っている。日本の課題は連携（プラットフォーム・エコシステム）とデータ活用が、現場でのPoCより先になかなか進まないことにある。

　日本の成功のカギは前述のDXステージにおける、業界内のデジタル化を実現する第2ステージから、異業種間のデジタル化を実現する第3ステージへのステージアップにある。このステージアップの実現のためには、日本の個々の企業、個々の業界が個別に取り組むのではなく、従来の競合も含めた異なる企業や業界が連携して取り組むことが必要である。

　団体戦やチーム戦は日本人が得意とする戦い方で、それはDXへの取り組みにも生かせると思われる。このチームに、志を同じくする欧米や中国の企業、アジアやアフリカ、南米など新興国の企業も参画すれば、チームとしてのチャンスはさらに広がる。モノと異なり、コト（サービス）が提供する経験価値は、利用する顧客のそれまでの経験、環境や文化によって大きく変わる。こうした取り組みは、DXのサービスの多様化とプラットフォーム・エコシステムの拡大にも役立つはずである。

　そして、それは巨大プラットフォーマーが考える未来とは異なる、「デジタルファースト・ソサエティ」という新たな社会へつながる取り組みでもある。

あとがき

2011年のハノーバーメッセでインダストリー4.0のコンセプトが発表されてから、8年が経過した。この間、ドイツ経済科学研究連盟はドイツ工学アカデミー（Achatech）と合同で、リファレンス・アーキテクチャーなどを策定し、高度にデジタル化された産業エコシステムの構築を目的とした標準化に力を入れてきた。

リファレンス・アーキテクチャー・ワーキンググループは、2015年にRAMI4.0（Reference Architecture Model Industrie4.0）を公表した。ドイツではこのモデルに基づき、構造化された産業エコシステムの開発を推進し、デジタル製造プロセスの適用事例（ユースケース）の開発が進められた。米国でも、IIC（インダストリアル・インターネット・コンソーシアム）がIIRA（Industrial Internet Reference Architecture）を発表し、多くのテストベッドを進めてきた。

一方、日本では2014年頃まで、ドイツや米国の標準化の動きに出遅れた状況で、日本政府も日系企業もこれらの動きをまとめるには至っていなかった。標準化活動に出遅れれば、日本の製造業にとって不利なグローバル標準が策定され、それにより日本企業のモノづくりの強みが失われる可能性もあった。これらの危機感から、2015年にいくつかの団体が揃って設立されている。

日本では、経済産業省が2015年5月にロボット革命イニシアティブ協議会（RRI）を、総務省と経済産業省が2015年10月にIoT推進コンソーシアム（ITAC）を設立し、産業支援を開始した。一方、民間主導で立ち上げられた一般社団法人インダストリアル・バリューチェーン・イニシアティブ（IVI）は、2015年6月から活動を開始し、日本の現場力を生かした「ゆるやかな標準」による、つながる工場の実現に向けた取り組みを推進してきた。IVIでは業務シナリオワーキングと称して、「データによる品質保証」「IoT

157

による予知保全」「匠の技のデジタル化」などのテーマで、IoT時代の製造業の課題と対処のケーススタディや実証実験を、企業を超えて共有する取り組みを行っている。

　本書の編著者である鍋野敬一郎、幸坂知樹と私、福本勲はIVIの設立メンバーで、設立当初に中心となって活動を行っていた。本書に記載したように、IoT、AIやそれを活用したDXは既存の商品や事業を改善するだけでなく、新しい市場に新しい価値を与えていくための手段でもある。そして、後者の取り組みこそコトづくりの本質といえる。これが、日本の製造業が生き残るための意思決定であるといっても過言ではない。本書は日本の製造業がコトづくりのステップに進み、その強みを生かしつつ、維持・発展を遂げることを願い、企画したものである。

　本書の執筆・編集にあたっては、日刊工業新聞社の矢島俊克氏に大変お世話になった。尽力に感謝申し上げる。
　また、本書の序章寄稿を快く引き受けていただいた松島桂樹氏、事例寄稿をいただいた、アーム株式会社の薩川格広氏、東芝機械株式会社の羽場政明氏、前原弘之氏、青野竜二氏、田中茂氏、瀬戸到氏、ウイングアーク１ｓｔ株式会社の田中潤氏、山本葉月氏、荏原光誠氏をはじめとした関係者の皆様、事例提供、資料提供をいただいた皆様、協力をいただいた当社や共同編著者所属企業の皆様に心より感謝を申し上げたい。
　最後に、本書の共同編著者である鍋野敬一郎、幸坂知樹に感謝の意を伝えたい。

2019年初秋
編著者を代表して
福本　勲

参考文献

■書籍・論文

- 高梨 千賀子，福本 勲，中島 震，『デジタル・プラットフォーム解体新書』，近代科学社，（2019）
- アーノルド・トインビー，『イギリス産業革命史』，創元文庫，（1953），原田 三郎（訳）
- T.S.アシュトン，『産業革命』，岩波文庫，（1973），中川 敬一郎（訳）
- マイケル・E. ポーター『戦略とインターネット（旧題「戦略の本質は変わらない」）』，ハーバードビジネスレビュー 2011年6月号，ダイヤモンド社，（2011）
- マイケル・E.ポーター，ジェームズ・E.ヘプルマン，『IoT時代の競争戦略』，ハーバードビジネスレビュー 2015年4月号，ダイヤモンド社，（2015）
- ジェームズ・P.ウォマック，ダニエル・T.ジョーンズ，ダニエル・ルース，『リーン生産方式が、世界の自動車産業をこう変える。―最強の日本車メーカーを欧米が追い越す日』，経済界，（1990）
- 藤本 隆宏，『生産システムの進化論―トヨタ自動車にみる組織能力と創発プロセス』，有斐閣，（1997）
- 前原 弘之，青野 竜二，『IoT＋mコンセプトによるスマートマニュファクチャリングの実現に向けて』，「機械と工具」2019年5月号，9（5），19-25，日本工業出版，（2019）
- 野中 洋一，福本 勲，山本 宏，高梨 千賀子，『インダストリアルIoTに関する日米独の最新動向』，研究 技術 計画，Vol. 33（4），299-314，（2018）
- 福本 勲，『IoTがもたらすものづくりの変革と東芝グループの取り組み』，特集「デジタルトランスフォーメーションを加速する東芝 IoTアーキテクチャーSPINEX」，東芝レビュー，72（4），39-42，（2017），（https://www.toshiba.co.jp/tech/review/2017/04/72_04pdf/a10.pdf）
- 福本 勲，『インダストリアルIoTの動向と東芝グループの取り組み』，信頼性，4.0（2），94-99，（2018）
- ジェイ・リー，『インダストリアル・ビッグデータ 第4次産業革命に向けた製造業の挑戦』，日刊工業新聞社，（2016）
- 羽田 雅一，『IT活用で製造業に革命を起こす ものづくりデジタライゼーション』，幻冬舎メディアコンサルティング，（2018）
- プレジデント経営企画研究会，村田 聡一郎，『Why Digital Matters?』，プレジデント社，（2018）
- 小川 紘一，『オープン＆クローズ戦略 日本企業再興の条件 増補改訂版』，翔泳社，（2015）

- 尾木 蔵人，『決定版インダストリー4.0 第4次産業革命の全貌』，東洋経済新報社，（2015）
- 長島 聡，『AI現場力「和ノベーション」で圧倒的に強くなる』，日本経済新聞出版社，（2017）
- 内平 直志，『戦略的IoTマネジメント（シリーズ・ケースで読み解く経営学）』，ミネルヴァ書房，（2019）
- 小泉 耕二，『2時間でわかる図解IoTビジネス入門』，あさ出版，（2016）
- 八子 知礼，杉山 恒司，竹之下 航洋，松浦 真弓，土本 寛子，『IoTの基本・仕組み・重要事項が全部わかる教科書』，SBクリエイティブ，（2017）
- 吉村 正平，石渡 昭好，魚谷 幸一，福本 勲，本田 拓也，湯山 恭史，山口 直也，『「ものづくり企業集団における支援実践マニュアル」の研究・開発 報告書』，一般社団法人中小企業診断協会，（2019），（https://www.j-smeca.jp/attach/kenkyu/honbu/h30/monodukurikigyousyuudan.pdf）
- 吉村 正平，石渡 昭好，下平 雄司，福本 勲，堀尾 健人，湯山 恭史，『ものづくり企業連携の事業化のための支援マニュアルの調査研究 報告書』，一般社団法人中小企業診断協会，（2018），（http://www.j-smeca.jp/attach/kenkyu/honbu/h29/monodukurikigyourenkei.pdf）
- 吉村 正平，石渡 昭好，下平 雄司，福本 勲，堀尾 健人，湯山 恭史，『中小企業のものづくり連携プロジェクトの支援マニュアル調査研究 報告書』，一般社団法人中小企業診断協会，（2017），（https://www.j-smeca.jp/attach/kenkyu/honbu/h28/monodukurirenkeiproject.pdf）

■ Web掲載
- 福本 勲，ビジネス＋IT 連載『第4次産業革命のビジネス実務論』，（2018〜），（https://www.sbbit.jp/keyword/3831）
- 福本 勲，Arm Treasure Data "PLAZMA" 連載『福本 勲の「プラットフォーム・エコシステム」見聞録』，（2019〜），（https://plazma.red/author/author-fukumoto-isao/）
- Arm Treasure Data "PLAZMA"，『IoTは「プラットフォーム」から「データエコシステム」の時代へ突入、日本企業はどのように取り組むべきか -IDC Japanアナリストに聞くIoT市場最新動向』，（2019），（https://plazma.red/data-ecosystem-yuta-torisu/）
- Eric Stolterman，Anna Croon Fors，『Information Technology and The Good Life』，Umeo University，（2004），（http://www8.informatik.umu.se/~acroon/Publikationer%20Anna/Stolterman.pdf）
- Clint Boulton，『デジタルトランスフォーメーションの核心はディスラプション』，Nikkei BP，（2017），（https://project.nikkeibp.co.jp/idg/atcl/idg/17/081700064/081700001/）
- 経済産業省，『DXレポート〜ITシステム「2025年の崖」の克服とDXの本格的な展開〜』，（2018），（https://www.meti.go.jp/shingikai/mono_info_service/digital_

transformation/20180907_report.html）

- 経済産業省，『IoT、AI、ロボットに関する経済産業省の施策について』，（2016），（https://www.iajapan.org/iot/event/2016/pdf/3_01_sano.pdf）
- 経済産業省　次官・若手未来戦略プロジェクト，『21世紀からの日本への問いかけ（ディスカッションペーパー）』，（2016），（http://www.meti.go.jp/committee/summary/eic0009/pdf/018_03_00.pdf）
- 経済産業省　商務情報政策局，『IoT時代に対応したデータ経営2.0の促進』，（2014），（https://www.meti.go.jp/shingikai/sankoshin/shomu_ryutsu/joho_keizai/pdf/001_03_00.pdf）
- 総務省，『情報通信白書平成30年版』，（2018），（http://www.soumu.go.jp/johotsusintokei/whitepaper/h30.html）
- 総務省，『令和元年版　情報通信白書』，（2019），（http://www.soumu.go.jp/johotsusintokei/whitepaper/r01.html）
- 日本工作機械工業会，『工作機械主要統計』，（https://www.jmtba.or.jp/machine/data）
- Fraunhofer，INDUSTRIAL DATA SPACE White Paper，（https://www.fraunhofer.de/content/dam/zv/en/fields-of-research/industrial-data-space/whitepaper-industrial-data-space-eng.pdf）
- 公益財団法人日本生産性本部，『労働生産性の国際比較2018』，（https://www.jpc-net.jp/intl_comparison/）
- 日本経済新聞，『世界の株、時価総額最高　IT勢にマネー流入』，（2017），（https://www.nikkei.com/article/DGXLZO17212690S7A600C1MM8000/）
- Arm，『なぜ「データは石油」なのか？　そこで IoT プラットフォームが果たす役割とは』，（2018），（https://blog.mbed.com/post/why-data-is-the-new-oil-jp-ja）
- NEC，『国内初、プライベートクラウド版「Arm Pelion Device Management」の実証実験を開始〜安心・安全なIoT機器のライフサイクル管理を可能に〜』，（2019），（http://54.65.212.110/releases/166615）
- NEC，『NEC、和歌山県白浜エリアで「IoTおもてなしサービス実証」を開始〜顔情報を用いて、ホテルの出迎えからキャッシュレス決済までをスムーズに〜』，（2018），（https://jpn.nec.com/press/201812/20181213_02.html）
- IDC Japan，『国内IoT市場データエコシステム事業者調査結果を発表』，（2019），（https://www.idc.com/getdoc.jsp?containerId = prJPJ45371219）
- ITU　国際電気通信連合（https://www.itu.int/en/ITU-D/Statistics/Documents/statistics/2018/ITU_Key_2005-2018_ICT_data_with%20LDCs_rev27Nov2018.xls）

※本文内、および参考文献に記載のURLは2019年9月初旬時点に確認したものである

■執筆者紹介

〈序章〉

松島 桂樹

一般社団法人クラウドサービス推進機構　理事長

公益財団法人ソフトピアジャパン　理事長

〈5章〉

薩川 格広

アーム株式会社

　IoTサービスグループ

　シニア・プロダクトマーケティング・マネジャー

〈第6章　1〜5項〉

前原 弘之

東芝機械株式会社

　技術・品質本部　IT推進部　部長

〈第6章　1〜5項〉

青野 竜二

東芝機械株式会社

　技術・品質本部　IT推進部　部長付

〈第7章〉

田中 潤

ウイングアーク1st株式会社

　代表取締役社長

※所属は2019年11月1日現在

■編著者紹介

福本 勲

株式会社東芝 デジタルイノベーションテクノロジーセンター　参事
東芝デジタルソリューションズ株式会社　ICTソリューション事業部　担当部長
中小企業診断士、PMP（Project Management Professional）
1990年3月　早稲田大学大学院修士課程（機械工学）修了。
1990年に東芝に入社後、製造業向けSCM、ERP、CRMなどのソリューション事業立ち上げやマーケティングに携わり、現在はインダストリアルIoT、デジタル事業の企画・マーケティング・エバンジェリスト活動などを担うとともにオウンドメディア「DiGiTAL CONVENTiON」の編集長をつとめる。
2015年より一般社団法人インダストリアル・バリューチェーン・イニシアティブ（IVI）正会員となり、教育普及委員会副委員長、エバンジェリストなどをつとめる。その他、複数の団体で委員などをつとめている。
主な著書に『デジタル・プラットフォーム解体新書』（共著：近代科学社）がある。主なWebコラム連載に、ビジネス＋IT（SBクリエイティブ）の『第4次産業革命のビジネス実務論』、Arm Treasure Data PLAZMAの『福本 勲の「プラットフォーム・エコシステム」見聞録』がある。その他Webコラムなどの執筆や講演など多数。

鍋野 敬一郎

株式会社フロンティアワン　代表取締役
1989年3月　同志社大学工学部化学工学科卒業（生化学研究室）。
1989年米国総合化学デュポン（現ダウ・デュポン）入社、1998年独ソフトウェアSAPを経て、2005年にフロンティアワン設立。業務系（プロセス系：化学プラントや医薬品開発など、ディスクリート系：組立加工工場や保全など）の業界および業務、システムの調査・企画・開発・導入の支援に携わる。2015年より一般社団法人インダストリアル・バリューチェーン・イニシアティブ（IVI）サポート会員となり、総合企画委員会委員、エバンジェリストなどをつとめる。また、オンラインメディアIoTNEWSを運営するアールジーンのアドバイザー、エッジAIベンチャーのエイシングのアドバイザーなどをつとめる。その他Webコラムなどの執筆や講演など多数。

幸坂 知樹

株式会社電通国際情報サービス　X（クロス）イノベーション本部　本部長補佐
1988年3月　横浜市立大学文理学部卒業（国際関係課程）。
1988年　電通国際情報サービスに入社、CRM、ERP、インターネット関連SI、デジタル・マーケティング、IoT、ビッグデータ、AIのソリューション事業の立ち上げに携わる。
2015年より一般社団法人インダストリアル・バリューチェーン・イニシアティブ（IVI）サポート会員となり、教育普及委員会委員などをつとめる。その他講演など多数。

※所属および略歴は2019年11月1日現在

163

デジタルファースト・ソサエティ
価値を共創するプラットフォーム・エコシステム

NDC335.3

2019年12月10日　初版1刷発行

定価はカバーに表示されております。

© 編 著 者　　福　　本　　　　勲
　　　　　　　　鍋　野　敬一郎
　　　　　　　　幸　坂　知　樹
　　発 行 者　　井　水　治　博
　　発 行 所　　日 刊 工 業 新 聞 社

〒103-8548　東京都中央区日本橋小網町14-1
電話　書籍編集部　　03-5644-7490
　　　販売・管理部　　03-5644-7410
　　　FAX　　　　　　03-5644-7400
振替口座　00190-2-186076
URL　http://pub.nikkan.co.jp/
email　info@media.nikkan.co.jp

印刷・製本　新日本印刷

落丁・乱丁本はお取り替えいたします。　　　2019　Printed in Japan
ISBN 978-4-526-08026-5　C3034

本書の無断複写は、著作権法上の例外を除き、禁じられています。